Diamanten

Susann Lange-Mechlen ist international bekannt als Diamanten-Expertin.
Nach Marketing-Studium in den USA begann ihre Karriere
mit einer grundsoliden Lehre im Diamanten-Zentrum von Antwerpen.
Sie gründete 1964 die Diamond Corporation, als man noch im Diamanten
nur den Schmuck sah. – Der Erfolg der international härtesten Währung als
Geldanlage gab ihr inzwischen recht.

Susann Lange-Mechlen

Diamanten

Edelsteinbrevier

Die härteste Währung der Welt –
unter die Lupe genommen

Belser Verlag Stuttgart und Zürich

2. neubearbeitete Auflage 1980

Satz: Rost + Bollschweiler, Wolframstraße 48, D-7000 Stuttgart 1
Druck: Offizin Chr. Scheufele, Stuttgart
Buchbinderei: C. Fikentscher, Darmstadt
Printed in Germany
ISBN 3-7630-1303-2

Inhalt

Vorwort

Viele Hymnen hat der Mensch schon zum Ruhm der Edelsteine angestimmt. Internationale Fachleute haben Gemmologie und Mineralogie längst zu anerkannten Wissenschaften gemacht; mit neuen Erkenntnissen ist hier kein Lorbeer zu gewinnen.

Dieses Buch hat auch nicht die Absicht, absolutes Neuland zu erobern. Vielmehr soll es den zahlreichen Liebhabern des Edelsteines und vor allem des Diamanten eine praktische Hilfe bei Auswahl und Kauf geben.

Den Entschluß zu dieser Veröffentlichung legte die jahrelange, ausschließliche Beschäftigung mit dem faszinierenden Thema nahe. Immer wieder treten bestimmte wichtige Fragen über Edelsteine und Diamanten auf, die an den Fachmann herangetragen werden, und immer wieder sind fundierte Antworten gefragt, die nur die Praxis zu geben vermag.

Diese leichtfaßliche Anleitung soll zeigen, worauf es ankommt, wenn Sie das unbekannte, lockende Reich der Edelsteine betreten, worauf zu achten ist, um sicherzugehen und Wertsteigerung und nicht Enttäuschung zu erleben. Mein Dank gilt vielen, denn viele kluge Köpfe braucht es, wenn man dem Edelsteinliebhaber ein Kompendium bieten möchte, das einigermaßen Anspruch auf Vollständigkeit erheben soll. Mein ganz spezieller Dank gilt jedoch meinem Freund Maurice, der mir stets mit aller erbetenen fachlichen Unterstützung und mit Bildern ein guter Helfer gewesen ist. Immer wieder erweist sich der Wert profunder Kennerschaft.

Sicher findet der Interessent gewissenhafte, erfahrene und vertrauenswürdige Fachleute, die ihn verantwortlich beraten. Aber die Erfahrung lehrt ebenso: Vertrauen ist gut – Wissen ist besser.

Das eigene Urteil bei der Beschäftigung mit dem Edelstein, der ›härtesten Währung der Welt‹, zu entwickeln, dazu dient vor allem dieses Buch. Denn Wissen gibt Sicherheit und Freude.

Stuttgart 1980

I. EDELSTEINE – FABEL UND WIRKLICHKEIT

Unser schöner Erdball, der als Spielfeld des Homo sapiens mit Recht nicht hoch genug gepriesen werden kann, hat viele seiner Kostbarkeiten gut und sicher versteckt. Aber der Mensch ist clever und erfinderisch und viele der wohlverborgenen Tresore hat er schon geknackt.

Das hat Mühen gekostet und Blut und Leben, aber was ein echter, professioneller Einbrecher ist, der schreckt vor nichts zurück. Wo die Edelstein-Tresore auf der Erde versteckt sind, zeigen die Karten (S. 12/13). Manche dieser Fundstätten sind ausgebeutet, neue werden entdeckt, ewiger Kreislauf von Werden und Vergehen. Denn so unvergänglich uns die Edelsteine erscheinen, und wenn wir ihre Zeit an einem durchschnittlichen Menschenalter messen, sind sie es wohl auch, so sind auch sie einbezogen in den Kreislauf der Natur, in der nichts ewig währen kann. Dieses Buch ist vor allem dem *Diamanten* gewidmet. Er ist der ›Größte‹ unter den Edelsteinen, sozusagen der Cassius Clay unter seinen Mitbewerbern, und die Menschen begehren und lieben ihn am meisten. Sie bekommen begehrliche Augen, wenn von ihm die Rede ist, und wahre Krimis haben sich schon um berühmte Diamanten abgespielt. Am schönsten aber ist die alte chinesische Diamanten-Legende, die mir mein Freund Maurice, aus einer der größten Schleifereien in Antwerpen, erzählt hat:

›Es waren einmal fünf gewaltige Berge, die dreißigtausend Li in der Höhe wie auch im Umfang maßen. Ihre Gipfel bildeten Hochplateaus aus, die sich über neuntausend Li erstreckten. Obwohl diese Berge siebzigtausend Li voneinander entfernt lagen, galten sie als unmittelbar benachbart. Ihre Gipfel trugen Zinnen und Türme aus Gold und Jade. Alle Vögel und Tiere dort waren schneeweiß. Perlen- und Diamantenbäume wuchsen in großer Zahl und brachten herrliche Blüten und Früchte von wahrhaft erlesenem Geschmack hervor; wer sie aß, war gegen Alter und Tod gefeit. Deshalb waren alle Menschen, die dort lebten, unsterbliche Weise. Innerhalb eines Tages oder einer Nacht pflegten sie von einem Berg zum anderen zu fliegen; es waren deren so viele, daß man sie nicht zählen konnte.‹ So steht es im Buche des Lieh Tse zu lesen, eines taoistischen Philosophen, der sich durch ›Reiten im Winde‹ fortbewegte und irgendwann zwischen dem 3. und 6. Jahrhundert vor Christi gelebt haben muß. Daß die Dinge, die er schilderte, wahr sein müssen, obgleich sie der fernsten Vergangenheit angehören, leuchtet ein, denn schließlich waren sie für ihn nicht weiter entrückt, als wir es seiner Zeit sind. Diese fünf Berge schwammen mit ihrem Fuße auf dem Wasser und bewegten sich daher ständig mit den Gezeiten und Wellen auf und ab. Die Unsterblichen beschwerten sich über die Belästigung durch diese ständige Unruhe, und das Höchste Wesen bekam Angst, daß die Berge zum fernen Westen davontreiben und die Wohnungen der von ihm so sehr geliebten Weisen somit von ihm fortgetragen würden. Deshalb ließ das Höchste Wesen von Yu Tschiang fünfzehn Riesenschildkröten anfertigen, die die fünf Berge auf ihren emporgereckten Köpfen zu tragen hatten, wobei sie sich im Dreierturnus alle sechzigtausend Jahre ablösten. Nun standen die Berge fest verankert, und die Unsterblichen waren glücklich, erfreuten sich ihrer schönen Steine und erdachten weise Dinge über sie.

Da aber kam ein Riese, der im Königreich Lungpoo wohnte, mit ein paar großen Schritten auf die Berge zu. Mit einem Schlag erbeutete er sechs Schildkröten und trug sie in großer Eile auf dem Rücken in sein Land. Natürlich war es ein einfältiger Riese, der sich die Zukunft weissagen lassen wollte, und so verbrannte er die Knochen der Schildkröten. Denn es ist ja allgemein bekannt, daß verbrannte Knochen dem des Chinesischen Kundigen allerhand zu offenbaren vermögen.

Als nun die Berge nicht mehr verankert waren, trieben sie zum fernen Norden, wo sie im Meer versanken. Das Höchste Wesen war sehr, sehr betrübt über den Verlust seiner unsterblichen Weisen, und da auch die herrlichen Diamanten- und Perlenbäume verschwunden waren, konnte niemand mehr auf Unsterblichkeit hoffen. Dennoch schien die Erlangung von Weisheit nicht ganz ausgeschlossen.

Das Höchste Wesen verwandelte die Riesen des Königreichs Lungpoo in Zwerge. Wie kann man auf der Welt wissen, ob solche Dinge nicht doch einmal geschehen sind? Der große Yu erlebte sie auf seinen Reisen. Po Yi wußte davon und gab ihnen Namen.

Was immer andere sagen mögen, dies war das erste Vorkommen von Diamanten auf der Erde. Die Weisen erhielten sie geschenkt, auf daß sie ihre Weisheit auf alle Zeit nutzen sollten. Doch der alte Lieh Tse, der vor allem Philosoph war, wollte damit zeigen, daß alles auf der Welt sehr relativ ist. Wer vermag schon Gewißheit zu haben über Größe und Zeit? Und daher könnte man sich also beim Betrachten der Kalette eines Diamanten vorstellen, dies sei das Hochplateau eines der verlorenen Berge, wo viele unsterbliche Weise weiterleben und köstliche Früchte essen, auf ewig gegen Alter und Tod gefeit.‹

Schon vor Christi Geburt war der Diamant bekannt; damals war Indien das Land mit den bedeutendsten Vorkommen. In Süd-Indien wurden berühmte große Steine gefunden, die aus alluvialen Fundstätten im Godiwarifluß geschürft wurden.

Zurückgehend zu den allerersten Funden, war der Diamant kein Zeichen von Wohlstand und Reichtum. Vielmehr waren es imaginäre Kräfte, die der Mensch ihm zuordnete, Heilkräfte und magischer Zauber. Nahe dem Herzen wurde er als Amulett getragen, um seinen Besitzer gegen den bösen Blick zu feien. Auch in der Liebe wurden ihm hilfreiche Kräfte zugeschrieben. Zu dieser frühen Zeit hatte der Mensch nur seine Härte entdeckt, nicht aber seinen glitzernden funkelnden Reiz als geschliffener Edelstein, der heute wohl vor allem die Taschen und die Herzen öffnet.

Die bedeutendsten Vorkommen damals in Indien waren Kalinga, Vera Granga, im Himalayagebiet Harma, Matangà, Kosala und wohl am bekanntesten das Golcondagebiet.

Zwei Steine, die Geschichte gemacht haben, sollen in diesen Gebieten geschürft worden sein, der Koh-i-noor und der Regent.

Auch in Brasilien fand man Diamanten, wie so oft durch Zufall. Gold wurde gesucht, Diamanten wurden gefunden. Noch heute gibt es die Stadt Diamantina im Gebiet von Minas Gerais. Als aber im Jahre 1867 die großen Diamantvorkommen in Südafrika entdeckt wurden, ging langsam die Bedeutung Brasiliens als Diamantlieferant zurück.

Es ist eine Geschichte für sich, wie in Afrika Diamanten entdeckt wurden, und bis heute ist Afrika wohl das größte Förderungsgebiet der Welt für den Edelstein geblieben. Denn von Rußland wissen wir, wie immer, zu wenig, um es mit ins Bild fassen zu können. Sicher ist, daß es große Vorkommen in Sibirien besitzt, die auch kräftig ausgebeutet werden, für die so lebensnotwendigen Devisen.

1867 begann der Diamantrausch, als bei Hopetown ein kleiner Junge seiner Mutter vom Spielen einen glitzernden Kieselstein mit nach Hause brachte. Über einige Umwege gelangte der seltsame Stein in das Labor eines Mineralogen, der ihn als Diamant identifizierte. In Paris wurde er mit Herkunftsangabe ausgestellt, und damit begann der große Diamanten-Rausch.

Nachdem zuerst in Flußbetten geschürft wurde, entdeckte man nicht lange darauf auch die primären Lagerstätten im sog. ›blue ground‹. Hier ist der Diamant entstanden, vor Millionen von Jahren. Aus magmatischen Schmelzmassen der Tiefe, unter ungeheurem Druck und bei unvorstellbaren Hitzegraden. Beim Hochschieben in die erkaltete Erdrinde, in den sog. Pipes des blue ground, hat das Mineral auskristallisiert und wurde zur härtesten Materie dieser Erde, zum Diamant. Von diesen Geburtsstätten, über die die Gezeiten mit Verwitterung und Abtragung hinweggingen, wurden die Diamanten auch in die sekundären, die alluvialen Fundstätten in den Flußbetten getragen, ja bis ins offene Meer hinaus.

Aus allen Erdteilen kamen Glücksritter, die schnell reich werden wollten. Was sich damals abspielte, ist die uralte Geschichte von Gier und Habsucht, die den Menschen zu keiner Zeit in einem guten Licht zeigt, wenn es darum geht, Schätze zu gewinnen. Damals entstand das größte vom Menschen gegrabene Loch, die Mine von Kimberley, das ›big hole‹. Tiefe 480 m, Breite 470 m.

Labradorit
Jaspis Saphir Calcedon
Rosenquarz Jadeit Perlen Rhodonit
Perlen
Chrysopas Chrysolith
Hiddenit
Holzstein
Türkis Amazonit
Granat
Kunzit
Chrysocolla
Perlen
Feueropal
Smaragd
Diamant
Amethyst
Citrin
Calcedon Beryll Diamant
Euklas Aquamarin
Bergkristall Chrysoberyll
Rauchquarz Edeltopas
Turmalin
Rosenquarz Kunzit
Chrysopas
Karneol Achat
Lapislazuli
Amethyst
Rhodochrosit
Sonnenstein
Hämatit
Labradorit
Bernstein
Hämatit
Jaspis Chrysopas
Achat Granat Nephril
Bergkristall Opal
Rauchquarz Smaragd
Markasit
Citrin
Korallen
Chrysolith
Diamant
Malachit
Granat
Dioplas
Diamant
Malachit Azurit
Calcedon
Jaspis
Diamant Fluorit
Turmalin Beryll
Aquamarin
Grossular
Heliodor
Smaragd
Rosenquarz
Türkis
Tigerauge
Diamant
Chrysopas
Amazonit
Granat
Beryll
Kunzit
Turmalin
Granat
Amethyst
Citrin
Amazonit
Achat

Die wichtigsten Fundorte in Afrika: 1 Sierra Leone; 2 Guinea; 3 Liberia; 4 Elfenbeinküste; 5 Ghana; 6 Zentralafrikanische Republik; 7 Kongo Tschikapa; 8 Angola; 9 Zaire; 10 Tansania; 11 Premier Mine; 12 Jagersfontein; 13 Kimberley; 14 Finsch Mine; 15 Namaqualand-Annex Kleinzee; 16 Alexander Bay-State Diggins; 17 Südwest-Afrika; 18 Marine Diamonds.

1869 wurde die Bultfontein-Mine erschlossen, 1870 folgten Jagersfontein und Dutoitspan.

Zwei großen Männern, Cecil Rhodes und Barnett Barnato, die nach langen Kämpfen letztlich klug genug waren, sich zusammenzuschließen, ist es zu verdanken, daß 1888 der entscheidende Schritt zur Gründung der de Beers Consolidated getan werden konnte. 1903 aber kam der wahre Gründer des heutigen Diamanten-Monopols, Sir Ernest Oppenheimer, nach Afrika. Er hat es fertiggebracht, daß 90 % aller Diamant-Minen sich 1931 zur *Diamond Corporation* zusammenschlossen, die mit Recht den Namen ›Syndicat‹ trägt. Zu den heutigen Aufgaben, die sich diese große Firmengruppe gestellt hat, gehört auch die Forschung und Weiterentwicklung auf dem Gebiete der Diamanten. In Johannesburg gibt es das Diamond Research Laboratory. Es ist das wohl bestausgerüstete Labor für die Edelsteinforschung. Alles, was über Diamanten neu publiziert wird, sammelt die Bibliography of Industrial Diamond Applications, ebenfalls in Johannesburg.

Die Firmengruppe ist eines der größten Monopole dieser Welt, denn über sie werden ca. 80 % aller Rohware an Diamanten verkauft. In ihren Händen sind viele der maßgeblichen Fundstellen, und sie ist der beste Garant für die Wertbeständigkeit dieses härtesten und edelsten Minerals der Erde, das mit manchen seiner größten Steine wenn nicht Geschichte, so doch ›Geschichten‹ gemacht hat. Ein Märchenbuch ließe sich schreiben, in dem alles vorkommt, Liebe und Haß, schöne Frauen und tatkräftige Männer, Habgier und Mord, Macht und übersinnliche Kräfte, gebunden an die Größten dieser funkelnden Sippe aus den Tiefen unserer Erde. Der *Hope*, der zuerst unter dem Namen ›blue Diamond‹ oder blauer Tavernier bekannt war, ist angeblich ein Unglücksbringer, der jedem, der ihn besaß, den Tod brachte. Marie-Antoinette und Ludwig XVI. hatten ihn in Besitz und wurden enthauptet, die Lamballe, die ihn von Marie-Antoinette geschenkt bekam, hatte ebenfalls keine Freude an ihm, denn sie wurde auf dem Armesünderkarren, noch bevor das Fallbeil sie erreichte, ermordet, um an den Stein zu kommen, den sie bei sich trug. Der Engländer Hope, ein Bankier, erwarb später den Diamanten, nachdem er umgeschliffen war, zu einem lächerlich niedrigen Preis von weniger als 20 000 £. Von ihm hat er auch seinen Namen, den man wohl kaum mit ›Hoffnung‹ übersetzen kann, denn das tiefblaue Juwel machte auch später seinem Namen keine Ehre. Die Hoffnung, mit ihm glücklicher zu werden, erfüllte sich bei keinem der nachfolgenden Besitzer. Abdul Hamid, ein türkischer Sultan, erwarb ihn für seine Lieblingsfrau, die Räubern und Mördern in die Hände fiel. Auch der Sultan war glücklos, er wurde entmachtet und starb im Exil. Wer danach den Stein nach Paris gebracht hat, ist unbekannt, aber es wird erzählt, daß ein russischer Adliger ihn seiner Mätresse, einem berühmten Star der Folies-Bergère, schenkte, die ihm anscheinend nicht ganz treu war, so daß er seinen Besitz in einem Duell verteidigen mußte und dabei ins Gras biß. Dann wechselte der Unglücksbringer wieder das Land. Ein Amerikaner, der als Zeitungsverleger genügend Reichtümer gesammelt hatte, um ihn zu erwerben, wurde geisteskrank. Es wird erzählt, daß sich der Teufelsbraten auch an Bord der Titanic befunden habe, die 1912 auf der Jagd um das Blaue Band nach der Kollision mit einem Eisberg mit Mann und Maus unterging.

De Beers Consolidated Mines Limited

Production	Marketing	Investment
KIMBERLEY DIVISION MINES NAMAQUALAND DIVISION MINES	THE DIAMOND CORPORATION 100%	DE BEERS HOLDINGS 100%
CONSOLIDATED DIAMOND MINES 100%	THE DIAMOND PURCHASING AND TRADING COMPANY 53%	DE BEERS EUROPEAN HOLDING 100%
PREMIER DIAMOND MINE 100%	INDUSTRIAL DISTRIBUTORS (1946) 33,40%	DEBHOLD (Canada) 100%
DE BEERS BOTSWANA MINING 50%	DE BEERS INDUSTRIAL DIAMOND DIVISION 100%	DE BEERS INDUSTRIAL CORPORATION 60,33%
		Non-Group companies
DE BEERS LESOTHO MINING 75%	ABRASIVE GRIT SALES 7,50%	RAND SELECTION CORPORATION 39,83%
ULTRA HIGH PRESSURE UNITS 50%	INDUSTRIAL GRIT DISTRIBUTORS (Shannon) 6,40%	AE & CI 26,20%

The percentages refer to the De Beers company's effective interest

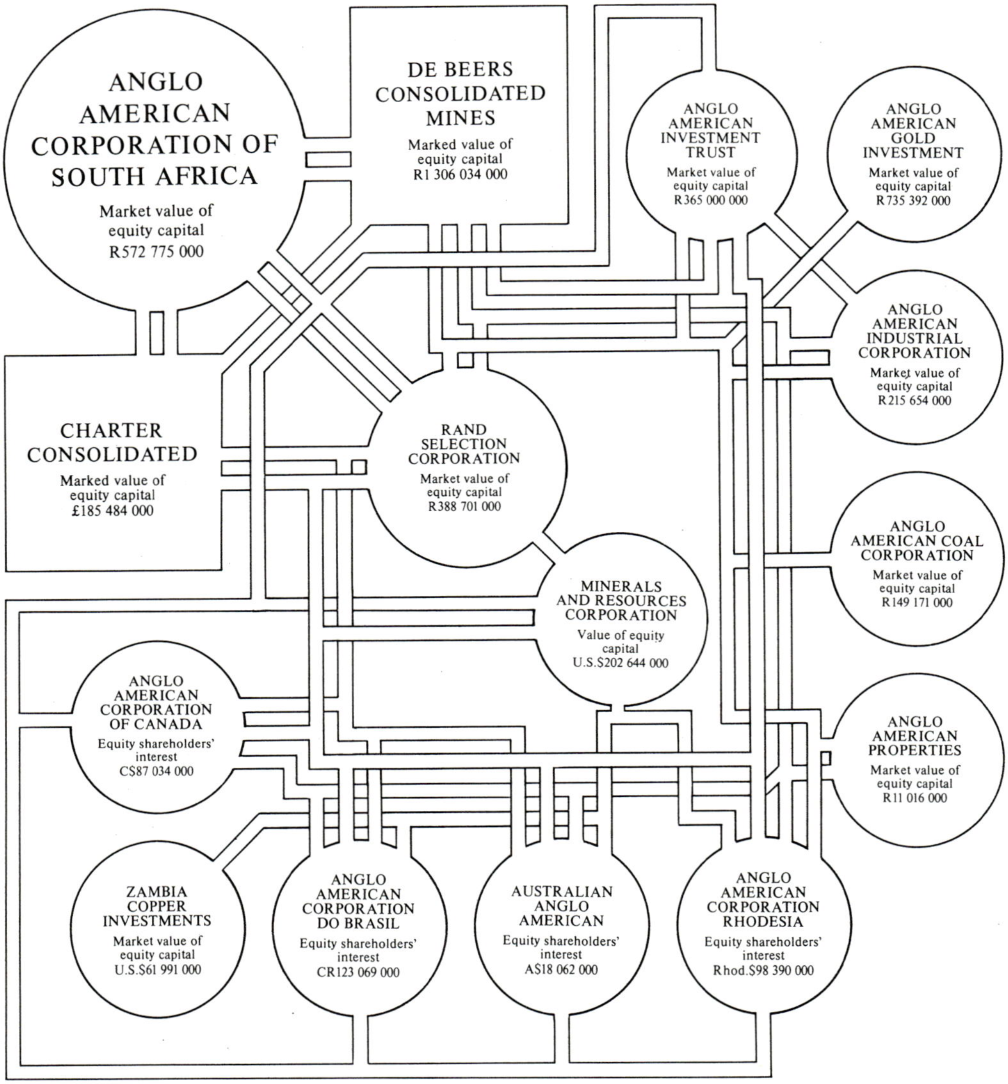
ANGLO AMERICAN CORPORATION OF SOUTH AFRICA
Market value of equity capital R572 775 000
DE BEERS CONSOLIDATED MINES
Marked value of equity capital R1 306 034 000
ANGLO AMERICAN INVESTMENT TRUST
Market value of equity capital R365 000 000
ANGLO AMERICAN GOLD INVESTMENT
Market value of equity capital R735 392 000
ANGLO AMERICAN INDUSTRIAL CORPORATION
Market value of equity capital R215 654 000
CHARTER CONSOLIDATED
Marked value of equity capital £185 484 000
RAND SELECTION CORPORATION
Market value of equity capital R388 701 000
MINERALS AND RESOURCES CORPORATION
Value of equity capital U.S.$202 644 000
ANGLO AMERICAN COAL CORPORATION
Market value of equity capital R149 171 000
ANGLO AMERICAN CORPORATION OF CANADA
Equity shareholders' interest C$87 034 000
ANGLO AMERICAN PROPERTIES
Market value of equity capital R11 016 000
ZAMBIA COPPER INVESTMENTS
Market value of equity capital U.S.$61 991 000
ANGLO AMERICAN CORPORATION DO BRASIL
Equity shareholders' interest CR123 069 000
AUSTRALIAN ANGLO AMERICAN
Equity shareholders' interest A$18 062 000
ANGLO AMERICAN CORPORATION RHODESIA
Equity shareholders' interest Rhod.$98 390 000

Heute ist der Hope im Smithsonian Museum in Washington aufbewahrt, und wie es scheint, hat er dort noch keine weiteren Übeltaten angestiftet.

Ähnlich schlimme Geschichten werden vom *Florentiner*, einem leuchtend gelben Stein, erzählt, der als Fluch-Diamant des Hauses Habsburg bekannt wurde. Auch mit diesem Juwel gehen Geschichten über Selbstmord, Krankheit, Aufstände und Revolutionen Hand in Hand. Man kennt als letzten Besitzer König Faruk von Ägypten. Wo er heute aufbewahrt wird, weiß man nicht.

Der größte je gefundene Diamant ist der *Cullinan* (Seite 18). Er wog 3106 Karat, das ist fast ein einviertel Pfund. Im Jahre 1905, am 25. Januar, fand man ihn in der Premier-Mine (Südafrika), und ein Stein in dieser unglaublichen Größe schien um so mehr ein Weltwunder, als er praktisch fehlerlos war. 105 Diamanten wurden in Amsterdam, im Hause Asher, aus ihm geschliffen mit einem Gesamtgewicht von 1063,65 ct. Das sind 34,25 % des Rohgewichtes. Die größten von ihnen, der Cullinan I oder Stern von Afrika, ein Tropfen von 530 ct., und Cullinan II, ein leicht viereckiger Diamant mit 317 ct., zieren Szepter und Krone der englischen Könige, denn König Edward VII. hatte den Cullinan von der spendablen Transvaal-Regierung geschenkt bekommen. Was zeigt, daß es schon immer ein Vorteil war, zu den oberen Zehntausend zu gehören. Eine pikante Einzelheit zu diesem teuersten und größten Stein aller Zeiten ist die Tatsache, daß er von Südafrika mit der normalen Post nach England geschickt wurde. Hätte der Postbote das gewußt!

Zweitgrößter Stein, der je gefunden wurde, ist der *Excelsior* mit 995,2 Karat. Er stammt aus der Jagersfontein-Mine. Seine Farbe ist ein schieres blau-weiß. Er wurde ebenfalls bei Asher in Amsterdam geschliffen und ergab einen Tropfen von 69,68 Karat und dazu noch 21 weitere Steine.

An dritter Stelle steht der *Großmogul*, der 1640 in Golconda (Indien) gefunden wurde und 807,17 Karat schwer war.

Der berühmteste Diamant aber ist der *Koh-i-noor* – Berg des Lichtes –, von dem erzählt wird, daß er vor mehr als fünftausend Jahren in Indien gefunden wurde. Diese Überlieferung erscheint allerdings fragwürdig, weil zu diesem Zeitpunkt der Diamant dem Menschen noch gar nicht bekannt war.

Nachdem auch dieser Stein kein Glück gebracht hatte, kam er 1850 in den Besitz der englischen Queen Victoria. Da ihr sein Fluch bekannt war, daß Indien der englischen Krone verlustig ginge, wenn ein männlicher Thronfolger den Koh-i-noor trüge, blieb die vorsichtige Königin on the safe side und verleibte den Berg des Lichtes ihrem eigenen Schmuckkästchen ein, ohne ihn offiziell dem englischen Kronschatz zu übergeben. Wie die Geschichte zeigt, muß an solchem Fluch aber doch etwas dran sein, denn die Vorsichtsmaßnahme hat England nicht vor dem Verlust Indiens bewahren können.

Ein berühmter Juwelenhändler aus der Barockzeit, dem wir die ersten Geschichten über spektakuläre Edelsteine verdanken, war der Franzose *Jean Baptiste Tavernier*. Er bereiste im 17. Jahrhundert ganz Europa und verkaufte den Fürsten- und Königshäusern manches außergewöhnliche Juwel. Auch ins Morgenland, nach Persien und Indien, führten ihn seine Reisen. Ein Höhepunkt seines Lebens war sicher der Empfang beim indischen Großmogul. Seinen gewissenhaften Aufzeichnungen in Form von Tagebüchern und Rech-

nungsaufzeichnungen verdanken wir viel altes Wissen über den Edelstein, seine ersten Fundstellen und die Schleifmethoden, die schon 400 Jahre vor Christus angewendet wurden. Durch Tavernier wissen wir, daß die Inder den Diamanten vor allem schleifen ließen, um Unreinheiten zu beseitigen. Auch heute noch gilt in Indien ein Stein mit Einschlüssen als Unglücksbringer und kann dort kaum verkauft werden. Es wird erzählt, daß der oben geschilderte Unglücksrabe – der Hope-Diamant – von Tavernier aus Indien für Ludwig XIV. mitgebracht wurde. Wie man sagt, auf nicht sehr feine Weise, nämlich gestohlen.

Noch viele ›große Brocken‹ wären zu erwähnen, aber das Thema dieses Buches ist nicht das Schicksal der berühmten Diamanten oder ihrer Besitzer, sondern die Aufklärung über Erwerb und Umgang mit ihren nicht minder begehrten namenlosen Brüdern.

Es gehört wohl zur Vollständigkeit dieses Buches, auch etwas zu der kapitalintensiven Diamanten-Industrie zu sagen, die ja nur auf einem *stabilen* Wert des Diamanten aufgebaut sein kann, wenn der starke finanzielle Rückhalt, den sie braucht, gerechtfertigt sein soll.

Schon 1872 erläuterte Frederic Boyle den Zusammenschluß der gesamten Diamanten-Industrie mit den folgenden Worten: ›Man darf den Markt nicht mit einer Ware überschwemmen, die nur höchste Luxusansprüche befriedigt. Man kann den Handel mit solchen Artikeln nicht popularisieren, ohne daß es zu einer schnellen und plötzlichen Katastrophe kommt. Die Dinge verlangen eine behutsame Handhabung, sie erfordern strengste Zurückhaltung, sie benötigen eine Hand, die sie im Zaume hält oder ihnen die Zügel gibt, wie es die Situation gerade erfordert. Nur durch königliches Monopol oder mit Hilfe großer und

Jean Baptiste Tavernier

mächtiger Gesellschaften kann das Schürfen von Edelsteinen zu einer blühenden Industrie ausgebaut werden.‹

Wenn diese wichtige Maxime nicht damals schon festgelegt worden wäre und vom Syndikat, einem der größten Monopole unserer Gegenwart, durch einen virtuos manipulierten Preis fest im Griff gehalten würde, wäre der Diamant keine sichere Anlage. Er würde

Offizielle Preisaufschläge von de Beers für Rohdiamanten

Monat	Jahr	Aufschlag in %	Gesamt-aufschlag
	1970	Basisjahr	Basisjahr
	1971	5,0	105,0
Januar	1972	5,4	110,7
September	1972	6,0	117,3
Februar	1973	11,0	130,2
März	1973	7,0	139,3
Mai	1973	10,0	153,2
August	1973	10,2	168,8
	1974	1,5	171,3
	1975	0,0	171,3
Januar	1976	3,0	176,4
September	1976	5,7	186,5
März	1977	15,0	214,5
Dezember	1977	17,0	251,0
August	1978*	30,0	326,3
Oktober	1979	13,0	368,7

* März 1978: 40%ige Supercharge von de Beers, erhoben wegen spekulativer Preisauftriebe, vor allem in Israel.

dieselbe Fieberkurve wie das Gold aufweisen und wäre damit ein Spekulationsobjekt ohne Sicherheit.

Der kapitalbewußte Anleger sollte deshalb nicht erschrecken, wenn vom ›manipulierten‹ Preis des Diamanten die Rede ist. Er ist manipuliert – Gott sei Dank! Möge er immer manipulierbar bleiben.

Während der Wirtschaftskrise 1974–1976 hat das Monopol einen Beweis seiner Stärke gegeben, der ein Zusammenbrechen des Preises, wie er bei vielen Sachwerten zu verzeichnen war, verhindert hat.

Erstmals in der Geschichte des Diamanten hat das Syndikat seinen ca. 300 autorisierten Abnehmern freigestellt, die zugeteilte Rohware abzunehmen oder abzulehnen. So wurde der starke Preisdruck, unvermeidlich in illiquiden Zeiten, vermieden. Volle Lager wurden langsam abgebaut, und die Börsen konnten 1975 im September mit zunehmender Nachfrage und steigenden Preisen beginnen. Zuerst kletterten kleine Steine von 0,25 bis 0,50 ct., die bis 1980 einen Wertzuwachs von ca. 350% zu verzeichnen hatten. Sie *müssen* heute bei Anlageüberlegungen miteinbezogen werden, für eine neue Käuferschicht und als das kleine Wechselgeld. Der neue Käuferkreis in diesen Geldbeträgen ist quantitativ potent, und er wird weiterwachsen. Schon mit einem angereicherten Tausender können Sie einen Stein kaufen, der ein zauberhaftes Schmuckstück ergibt und gleichzeitig eine Sachwertanlage ist. Die Kurve zeigt, wo der feine Eincaräter bis 1980 hingewandert ist.

Parallel dazu werden farblich feine, gut geschliffene Steine mit feinen inneren Merkmalen an der Aufwärtsbewegung der Preise teilnehmen. Es ist sorgfältig abzuwägen, ob man nicht besser bei großen Steinen einen Einschlußstein in Spitzenfarbe und -schliffausführung wählt, der noch für viele Geldbeutel tragbar ist, als ganz auf diese Größen zu verzichten, deren Liebhaber nie aussterben werden. Auch vom farblich feinen, gut gemachten Eincaräter mit Einschlüssen bis hin zum nicht sichtbaren 1. Pique, weiß der Insider aus der Erfahrung von 1975, daß er weniger an

Wert verloren hat und in der Rezession zum ›Renner‹ im Verkauf geworden ist – weltweit.

Wer über die Hintergründe des Diamantkaufes im Zusammenhang mit Strukturänderungen des Marktes, und vor allem der Käuferschicht, etwas mehr als nur oberflächlich nachgedacht hat, verwundert sich darüber allerdings nicht. Eine genaue Erklärung dieser Zusammenhänge steht in dem Kapitel ›Sind Edelsteine eine Sachwertanlage?‹.

Ein Wort nun zur Entstehung dieser kostbarsten Steine unseres Erdballs. Unheimliche Kräfte an Druck und Temperatur formten vor Jahrmillionen dieses härteste Mineral der Welt. Es entbehrt nicht der Ironie, daß das teuerste Juwel dieser Erde aus dem billigsten und in reichlichster Menge vorkommenden Material, dem Kohlenstoff, entstanden ist.

Alle Minerale sind Verbindungen unterschiedlicher Atome. Diamanten sind Kohlenstoffatome, die sich in der Form eines Kristallgitters angeordnet haben, und zwar in Form eines regelmäßigen – isometrischen – Systems, wobei ein Atom jeweils über seine vier Elektronen mit vier weiteren Atomen verknüpft ist. Diese Gitterkonstruktion, die starr und unbeweglich ist, ergibt die große Härte des Diamanten, der im Härtegrad das härteste künstlich hergestellte Material, das Borazon, um das 200fache übertrifft.

Sehr versierte Fachleute können schon aus der Rohform und aus der Färbung Rückschlüsse auf das Herkunftsland eines Steines ziehen. Die in Südafrika gefundenen Steine

MOHSSCHE RITZHÄRTESKALA

Härte 1
Talk: Sehr weich, mit dem Finger zerreibbar, ritzbar.

Härte 2
Gips: Mit dem Fingernagel leicht ritzbar.

Härte 3
Kalkspat: Mit Kupfermünze leicht ritzbar.

Härte 4
Flußspat: Mit Messer leicht ritzbar.

Härte 5
Apatit: Mit Messer ritzbar.

Härte 6
Feldspat: Mit Messer schwer ritzbar.

Härte 7
Quarz: Ritzt Fensterglas.

Härte 8
Topas: Ritzt Quarz leicht.

Härte 9
Korund: Mit Diamant leicht, mit Topas nicht ritzbar.

Härte 10
Diamant: Nicht ritzbar.

sind vielfach oktaedrisch, Brasilien dagegen bringt viel kubische Formen. Die *Beimengungen*, die dem Diamanten seine unterschiedlichen Farben bringen, sind vor allem der Stickstoff, seltener Eisen und Kupfer. Wenn diese Fremdatome in das Gitter eindringen, ändert sich die Lichtreflexion, und dem Auge zeigt sich eine andere Farbwirkung.

Während der Entstehung des Diamanten bildeten sich seine typischen Merkmale, die sog. *Einschlüsse*, heraus. Hierunter versteht man minimale Hohlräume, ebenso winzige Risse oder Brüche und – vor allem – Einsprengsel kleinster Fremdkristalle. Die Einschlüsse sind zwar wenig beliebt, aber sie liefern einen genauen Hinweis darauf, wie einst diese Produktion vonstatten ging. Kluge Leute haben herausgefunden, daß die Einschlüsse anzeigen, ob sie vor, während oder nach der Kristallisation entstanden sind. Wissenschaftler haben das so ausgedrückt:
Präexistente Einschlüsse waren schon vor der Kristallisation vorhanden. *Syngenetische Einschlüsse* haben sich gleichzeitig mit dem Diamanten gebildet. *Epigenetische Einschlüsse* sind nachträglich entstandene Risse und Brüche. Wenn ein Stein nach dem Auskristallisieren erneut in große thermische Veränderungen geriet, bildeten sich z. B. rundum vorhandene Fremdeinschlüsse, Risse und Brüche, die durch unterschiedliche Ausdehnungskoeffizienten der verschiedenen Minerale entstanden. Auch *Spannungsrisse* gehören zu diesen Merkmalen. Für den Käufer ist das nicht wichtig, ihn interessiert mehr, inwieweit ein Einschluß den Wert seines Steines mindert. Bevor ich Ihnen aber anhand von Photos, Zeichnungen und ganz einfach gehaltenen Erklärungen

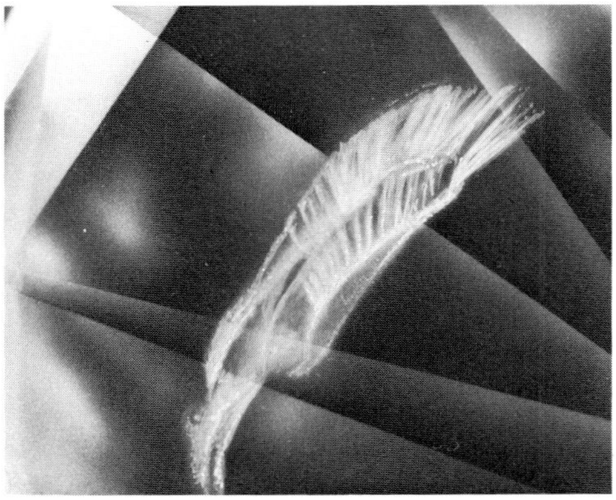

Feder = Bruch- und Spannungsrisse

eine Hilfestellung gebe, damit Sie sich mit Ihrem Juwelier oder Diamant-Händler besser verständigen können – und er ist froh, wenn ein Kunde weiß, wovon er redet –, will ich Ihnen kurz den Weg beschreiben vom Rohstein bis zum fertigen Juwel.

Wenn man sich das Verhältnis Erde zum Diamanten vorstellt, das etwa eine Milliarde zu eins beträgt, kann man sich in etwa ausmalen, was für einen Weg die Diamanten-Industrie vom ersten Digger hin bis zu den heutigen modernsten Förderungsmethoden zurückgelegt hat. In den Anfängen konnten mühsam hundert Pfund Erde maximal am Tag gesiebt werden, heute sind wir bei ca. 50 Millionen metrische Karat, die per Anno verarbeitet werden. Es ist nicht auszurechnen, wieviel Erde dafür ausgebaggert werden muß.

Die Rohsteine aus den einzelnen Minen gehen zu 80 % nach *London*, wo sie von der Diamond Trading Company an die ca. 200 zugelassenen Diamant-Schleifer und Rohdiamant-Händler verkauft werden. Ca. 20 % der Rohware aus den Minen werden nicht über die Diamond Purchasing und Diamond Trading Company verkauft, sondern gehen an einzelne Aufkäufer, die Direktabmachungen mit den Minen in Afrika, Indien, Südamerika oder der Sowjetunion haben. In den Diamant-Clubs in *Antwerpen* werden vor allem die Rohkristalle vermarktet, während an den *Börsen* überwiegend der geschliffene Stein gehandelt wird.

III. DAS SCHLEIFEN DES DIAMANTEN

Das *Schleifen* als formgebende Bearbeitung von Diamanten ist ein sehr altes Handwerk. Damit wurde schon im 14. Jahrhundert begonnen, und zwar in Venedig. Von dort wanderte diese Kunst um 1420–1430 nach Brügge und Antwerpen, nach Flandern und weiter nach Paris. Vor allem *Antwerpen* und *Amsterdam* galten als Zentren feinster Schleifkunst. Nicht viel hat sich verändert in dieser alten Zunft. Dazugekommen ist die Kunst, Diamanten sägen zu können. Das Spalten, Schleifen und Polieren wird heute noch ebenso wie damals betrieben.

Es laufen aber erfolgreiche Versuche, das Sägen von Rohsteinen und das Rundieren der Steine mit *Laserstrahlen* vorzunehmen.

Eine Neuerung ist auch die Laserbestrahlung: Steine mit groben schwarzen Einschlüssen, also Steine mit einem 2. oder 3. Piqué, werden heute mit einer Laserbehandlung künstlich verbesssert. Mit dem Laserstrahl wird ein Kanal zum Einschluß vorgetrieben, und durch die starke Erhitzung schmelzen die dunklen Einschlüsse. Am Ende sieht man bei einem so behandelten Stein nur noch die weißen Laserkanäle, und häufig rutscht dadurch die Reinheitsbezeichnung 2. oder 3. Piqué zurück auf ein 1. Piqué, was einen erheblichen Preisvorteil erbringen könnte. Hier sollte der Kunde aufgeklärt werden, denn es ist eine reine Preisfrage, ob es interessant ist, einen solchen Stein zu erwerben. Wenn Sie den Preis für ein echtes 1. Piqué bezahlen sollen, dann vergessen Sie diesen Stein. Wenn der Preis aber dem 2. oder 3. Piqué entspricht, kann ein solcher Stein durchaus kaufwürdig sein, denn er zeigt diesen Einschlußgrad ja nicht mehr an. Man hat bis heute nicht feststellen können, daß laserbehandelte Steine in ihrer Haltbarkeit beeinträchtigt worden sind.

Natürlich werden die heute verwendeten Schleifscheiben nicht mehr von Hand, wie im

Spalten des Rohdiamanten

Laserbehandelte Einschlüsse

Diamanten auf der Schleifscheibe

15. Jahrhundert, sondern vollelektrisch betrieben. Aber immer noch entscheidet der geschulte Fachmann, wo ein Stein gespalten oder gesägt werden soll, um den besten Schliff mit dem kleinsten Verlust an Gewicht herauszuholen. Es gibt keine Maschinen für diese Arbeitsvorgänge, denn jeder Rohstein sieht anders aus und hat seine Einschlüsse verschieden plaziert. Noch haben wir keine Maschinen mit analytischem Verstand, die hier selbst richtig entscheiden könnten, und so wie ich es sehe, werden wir auch nie welche haben.

Wenn Rohsteine in der Fabrik ankommen, gehen sie zuerst in die Abteilung, die festlegt, wie der Stein am günstigsten geschliffen werden kann. Hierzu wird vor allem die mutmaßliche Farbe, die der geschliffene Stein haben wird, festgestellt. Wenn man nicht ganz sicher ist, daß der Rohstein einen Diamanten in feiner Farbe bringen wird, wird man keinen Phantasie-Schliff wählen. Der Rundschliff mit 56 Facetten – also der *Brillant-Schliff* – ist durch seine Vielzahl an Facetten mit der dadurch sehr hohen Dispersion am besten geeignet, nicht ganz feine Farben zu verbessern. Der *Smaragd-Schliff* zeigt die eigene Körperfarbe eines Steines weit mehr, durch seine viel geringere Facettenzahl. In einer Marquise zeigt sich eine schlechte Farbe vor allem in den beiden Spitzen.

Trotzdem muß manchmal eine solche Schlifform gewählt werden, wenn der Gewichtsverlust sonst zu groß wäre. Dazu wird eine Zeichnung gefertigt mit den Umrissen und Einschlüssen des Rohsteines. Naatsteine sind dabei ausgesprochene Problemsteine. Hier laufen die Wachstumslinien nicht gleichmäßig durch den Stein. Beim Spalten macht das keine Schwierigkeiten, aber beim Sägen kann es passieren, daß der Stein sogar splittert. Gott sei Dank sieht man normalerweise am Rohstein den kristallinen Verlauf seiner Struktur, und der Naatstein verrät sich durch die Unterbrechung der Wachstumslinien.

Wenn der Rohstein ein einwandfrei ausgebildeter Oktaeder ist, wird er in zwei Teile zersägt. Unregelmäßige Formen, wie sie ebensooft vorkommen, werden gespalten. Durch einen Schlag auf eine Stahlklinge, die in einer eingeritzten Kerbe angesetzt wird, zerfällt der Stein in zwei Teile.

Das zu bearbeitende Diamantstück befestigt der Schleifer auf einer drehbankähnlichen Reibemaschine. Es wird auf einer Spindel in Kupferdoppen mit einer Zinnlegierung festgehalten. Der Arbeitsdiamant, der ebenfalls im Schneidestock mit einer Doppe befestigt ist, wird nun gegen den zu formenden Stein gedrückt. Bei hoher Rotationsgeschwindigkeit werden dem Diamanten Umriß und Proportionen der festgelegten Schlifform gegeben.

Wenn der Vorgang des Rundierens abgeschlossen ist, werden die ersten Basis-Facetten des Diamanten auf einer mit Olivenöl und Diamantenstaub bestrichenen Stahlscheibe gearbeitet.

Die in Doppen gehaltenen rundierten Diamanten bekommen so ihre Facetten, eine nach der anderen, wobei jeweils der Stein versetzt und die Doppe verstellt werden muß. Wie in alten Zeiten wird diese Halterung bei Bedarf mit Gewichten beschwert, um mehr oder weniger Druck ausüben zu können.

Ein Diamant kann nicht beliebig in jeder Richtung geschliffen werden, sondern nur nach seinen Wachstumslinien. Wählt man die falsche Schleifrichtung, wird sich der Stein dem Schleifen widersetzen, ja mehr noch, er kann zerspringen. Hier liegt ein weiterer Grund für die unendliche Rarität des absoluten Spitzen-

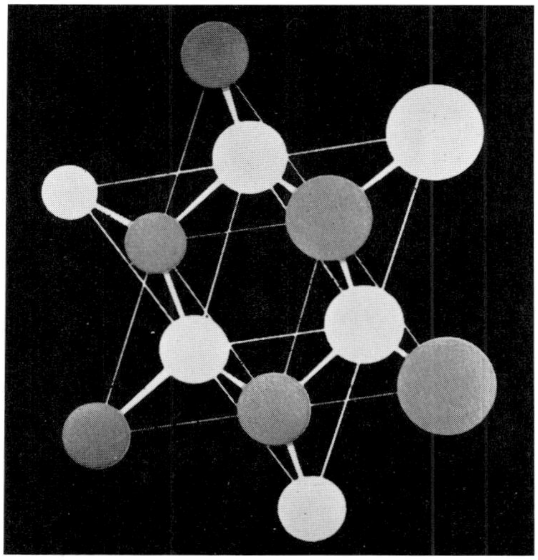

steines. Denn manchmal könnte man einen Einschluß beseitigen, wenn nicht dadurch eine falsche Schleifrichtung entstünde, die diese Möglichkeit verhindert. Da der reine Kohlenstoff in Form eines Diamanten ein sehr engmaschiges Kristallgitter aus Kohlenstoffatomen darstellt, das aber nicht überall genau gleich in seiner Engmaschigkeit ist, muß das beim Schleifen und Spalten des Steines berücksichtigt werden.

Für all diese Arbeitsgänge, die unterteilt und von darauf spezialisierten Diamantspaltern, -sägern, -reibern und -brillantierern vorgenommen werden, sind hochqualifizierte Fachkräfte mit größter Erfahrung nötig. Hier liegt einer der Gründe, warum die Diamantpreise wohl kaum billiger werden können. Denn diese raren Fachkräfte werden auch in der Zukunft nicht weniger Lohn verlangen, sondern mit Sicherheit mehr. Das gleiche gilt für die Ausbeute in den Minen, wo die Zeiten längst vorbei sind, als Arbeitskräfte noch ›mit einer Hand voll Reis‹ zufrieden waren.

Ich wage hier die Prognose was geschehen könnte, wenn Afrika unter kommunistische Herrschaft käme. In allen Beispielen zeigt sich, daß nach kurzer Zeit kein geregelter Abbau mehr erfolgt und die Preise – wie bei Rubinen aus Birma – ins Uferlose steigen.

Vielleicht könnte dieser echten Verknappung ein Verschleudern von Lagerbeständen vorausgehen, um sozusagen einen ›schnellen Dollar‹ zu machen, aber auch das halte ich für unwahrscheinlich, weil anzunehmen ist, daß diese leicht zu transportierenden Lagerbestände wohl kaum von denen im Land belassen würden, denen sie bis dahin gehörten.

Aber zurück zum Schleifprozeß. Der letzte Arbeitsgang und einer der wichtigsten und delikatesten ist das *Brillantieren*. Wenn Ober- und Unterteil des Diamanten die wichtigsten Hauptfacetten erhalten haben, dann schleift der Brillantschleifer im Oberteil weitere 24 Facetten, im Unterteil weitere 16 Facetten ein. Das ist ein Arbeitsgang, den nur ein erstklassiger Fachmann vornehmen kann, da der Diamant nur sekundenlang auf die Scheibe gehalten wird, und hier leicht der ganze Stein verdorben werden könnte. Am Ende wird der fertige Brillant sehr genau überprüft und, falls winzige Korrekturen nötig sind, nochmals in die Hände eines besonders geschickten Schleifers gegeben, der diese Ausbesserungen mit einem Minimum an Gewichtsverlust vornimmt.

Dann ist der Stein fertig, und nach dem Abkochen in hochprozentiger Säure (Kupfervitriol), um Schleifrückstände zu beseitigen, wird er in das typische hellblaue Steinbriefchen gelegt, mit Nummer und Spezifikation versehen und kommt in die Stockliste der Schleiferei: Ready to be sold.

IV. DIAMANTBÖRSEN

Schon im 18. Jahrhundert schlossen sich die einzelnen Diamantschleifer und Diamanthändler in *Antwerpen* zusammen und gründeten die *Diamantbörse*. Am Beginn unseres Jahrhunderts schloß sie sich dem weltweiten Verband der Diamantbörsen an, deren wichtigste Plätze *London, New York, Tel Aviv* und *Amsterdam* sind. Darüber hinaus gibt es auf der ganzen Welt noch viele kleinere Börsen, deren Bedeutung aber mit den Großen nicht zu vergleichen ist. Über die 5 großen Börsen werden ca. 80 % aller Diamanten abgesetzt.

Die *Diamantbörse in Antwerpen* ist ein riesiges Gebäude mit vielen Büros der einzelnen Schleifer und Händler. Im Erdgeschoß befindet sich der große Börsensaal. Dort sitzen Händler, Mäkler und Einkäufer, und das Handeln gehört hier zur alten Tradition. Doch wenn ein Kauf einmal mit dem Wort ›masal‹ bekräftigt und damit als abgeschlossen erklärt ist, wird keiner der beiden Partner daran je noch etwas ändern. Masal ist unverbrüchlich das Ende vom Lied.

Es ist nicht einfach, Mitglied einer dieser exklusiven Diamantbörsen zu werden. Frauen werden nicht als Mitglieder akzeptiert – sie zählen hier noch nicht zu den menschlichen Wesen.

Es gibt ein Gremium mit 10 gewählten Richtern zum Schlichten und Entscheiden von Streitfragen. Wer sich ihrem Urteilsspruch nicht fügt, nachdem eine mögliche Revision abgewiesen wurde, wird ausgeschlossen. Und damit ist der Zutritt auch an alle anderen Börsen der Welt nicht mehr möglich. Es ist eine Zunft mit tradierten Gebräuchen und einer eigenen Sprache; und viele der Händler und Makler tragen noch Bärte und Käppchen nach jüdischer Tradition.

Alle Sprachen hört man im Börsensaal, vor allem jiddisch, hebräisch, englisch, französich und niederländisch. Es ist schier unvorstellbar, welche Summen hier umgesetzt werden. Der Spruch besteht wirklich zu Recht, wenn vom Diamanten gesagt wird, er ist ein höchster Wert auf kleinstem Raum. No problem, in einer Hand den Wert eines vielstöckigen Hochhauses zu halten.

V. DIE VIER GROSSEN C

Aber zurück vom Lokalkolorit zur harten Wirklichkeit. Wie beurteilt man nach exakten Maßstäben so einen kleinen Höchstwert auf engstem Raum? Die Formel dafür ist nicht ganz leicht zu erlernen. Sie besteht in der Gliederung und qualitativen Einstufung der vielzitierten vier großen C, die nach Einzelwertung zu einer Gesamtwertung zusammengefaßt werden müssen.

Die vier großen C sind:

COLOUR	=	FARBE
CLARITY	=	REINHEIT
CUT	=	SCHLIFF
CARAT	=	GEWICHT

Befassen wir uns zunächst mit dem ersten großen C

Colour oder *Farbe*

Dieses wichtige optische Merkmal eines Diamanten beeindruckt nach der Größe das menschliche Auge am meisten. Einem Kenner wird Farbe (colour) immer vor Reinheit (clarity) gehen, zumindest wenn er die Wahl zwischen einem Stein mit sehr kleinen Einschlüssen und einem Stein mit bereits deutlich sichtbarer Farbsättigung hat.

Warum der Laie immer noch der Reinheit den Vorzug gibt, liegt einfach an der jahrelangen einseitigen Aufklärung, die einen lupenreinen Stein, egal, wo er mit seinen übrigen Qualitätsmerkmalen angesiedelt war, zum feinen Stein erhoben hat.

Heute wissen immer mehr Anleger, daß Spitzenfarben (river und top wesselton) ebenso rar sind wie die Lupenreinheit.

Hier ist ein Aufklärungsprozeß im Gang, denn seriöse Fachleute machen bei der Beratung dem Laien deutlich, daß *die* Eigenschaften, die dem Beschauer eine hohe Wertvorstellung vermitteln, am wichtigsten sind. Und das ist nach der Größe vor allem die *Farbe*. Wenn ein Fachmann zwei Steine ohne Zuhilfenahme von Geräten beurteilen muß, wird er immer dem Stein mit der feineren Farbe den höheren

Wert zumessen. Erst wenn er seine Geräte zu Hilfe nehmen kann, wird er feststellen können, ob diese Wertvorstellung richtig war, oder ob er erheblich ›daneben gehauen‹ hat. Denn Einschlüsse, die dem bloßen Auge *nicht* sichtbar sind, können *trotzdem* den Stein bis zu ca. 50 % in seinem Wert mindern. Auch der Fachmann kann ohne Mikroskop nur raten, welchen Wert ein Stein von feiner Farbe und guter Schliffausführung hat. Ein Stein mit sichtbarer Farbsättigung dagegen löst bei einem einigermaßen versierten Kenner niemals pures Entzücken aus.

Will die stolze Besitzerin eines funkelnden Diamanten ihr geliebtes Statussymbol den neidischen Freundinnen als einmalig und höchstwertig präsentieren, so kommt es einzig und allein auf Größe und Farbe an – wobei ich davon ausgehe, daß der Stein gut geschliffen und damit in seiner Brillanz in Ordnung ist. Wenn der Stein lupenrein ist, aber in der Farbe ›hängt‹, wie der Fachmann sagt, so ist es sehr wichtig, die Lupenreinheit laut und deutlich zu betonen, um den nicht sehr hochwertigen Eindruck, der jedem Auge sichtbar ist, wieder aufzubessern. Und glauben Sie mir, in den letzten Jahren ist die Kenntnis, daß ein feiner Stein vor allem eine feine Farbe haben muß, in weite Kreise vorgedrungen.

Aber zurück zur Farbe! Was gibt einem Stein dieses zauberhafte optische Signal? Farbe entsteht durch unterschiedliche Absorption des weißen Lichtes, das ja im Grunde genommen gar nicht weiß ist, sondern eine Zusammensetzung der Regenbogenfarben: Rot, Orange, Gelb, Grün, Blau, Violett.

Je nach der chemischen Zusammensetzung und der atomaren Struktur eines Steines wird das Licht im Edelstein unterschiedlich absorbiert.

Ein Smaragd z. B. absorbiert alle Farben des Spektrums bis auf das leuchtende Grün, während der Rubin nur die roten Wellenlängen transmittiert und alle anderen Farben des Spektrums sozusagen verschluckt.

Der Diamant erscheint unserem Auge farblos, weil er das ganze Spektrum gleichmäßig absorbiert und reflektiert. Unabhängig davon kann der Diamant, je nachdem, welche Spurenelemente er beim Entstehen in seiner Umgebung aufgesammelt hat, durchaus unterschiedliche Eigenfarben mitbringen.

Die häufigste Farbsättigung verdankt er dem Stickstoff, der ihm alle Stufen vom zartesten bis zum kräftigsten Goldgelb verleiht.

Auch hier gilt für den Wertmaßstab das Seltenheitsprinzip: Alle Gelbtöne rangieren preislich weit unter den farblosen Steinen. Erst bei sehr starker Gelbsättigung rutscht die Preisskala wieder nach oben. Echte ›Canary‹ sind teure Raritäten.

Ein rosa Diamant, der bei seiner Geburt eine Prise Mangan geschenkt bekommen hat, ist so selten, daß er preislich sogar den blauweißen Stein in den Schatten stellt. Nicht weil ein rosa Stein schöner wäre als ein ganz farbloser, allein die Seltenheit macht den Preis, genau wie bei Kaviar und Hering.

Bunte Diamanten müssen nicht immer so auf die Welt gekommen sein. Durch Radiumbestrahlung können farblose Diamanten zu blauen, braunen, gelben und grünen Steinen ›umfunktioniert‹ werden.

Auch durch Zyclotron-Bestrahlung lassen sich Farbveränderungen hervorrufen. Die Unterscheidung dieser ›treated diamonds‹ ist schwierig und nur durch eine Untersuchung des Absorptionsspektrums möglich. Darüber hinaus zeigt sich aber auch eine große Reduzierung der Schleifhärte.

Wie schwierig die Unterscheidung trotzdem ist, zeigt die Geschichte des *Deep Deene*, der bereits an Onassis so gut wie verkauft war, als erstklassige Fachleute sich nicht einig werden konnten, ob das nun der echt gelb gewachsene Stein oder ein nachträglich behandelter Gauner im Frack sei. Inzwischen ist der Fall ja wohl entschieden, und es ist endgültig festgestellt, bei sehr großer Vergrößerung, daß es ein echter bunter Diamant und somit der Deep Deene ist.

Wer immer Steine farblich graduieren möchte, braucht Hilfsmittel. Er muß zuerst einmal in die Tasche greifen, um sich die absolut notwendigen ›masterstones‹ oder *Vergleichssteine* zu besorgen. Das ist nicht billig, weil für eine Farbstufe, wenn man ganz sicher gehen möchte, zwei Bereiche zu beschaffen sind, nämlich der obere und der untere Bereich. Es genügt, diese zwei Bereiche für die Farben river, top wesselton und wesselton anzuschaffen, da nur bei diesen Spitzenfarben die Preisunterschiede zwischen einem oberen und einem unteren Bereich ins Gewicht fallen.

Es sind also 6 Steine für die drei oberen Farbbereiche nötig und weiterhin je 1 Stein für die Farben von top crystal bis zum yellow.

Diese Steine müssen gut geschliffen sein, sollten keine groben Einschlüsse haben und dürfen keine Fluoreszenz aufweisen. Um auch große Steine graduieren zu können, sollten die Vergleichssteine wenigstens ein halbes Karat haben. Sonst bedarf es beim Vergleich mit großen Steinen langjähriger Erfahrung, wenn man den intensiveren Farbeindruck, den der großflächigere Stein vermittelt, richtig einstufen will.

Außer den notwendigen Vergleichssteinen braucht man zur Farbgraduierung das *Coloriskop*, das den Stein unter Lichtbedingungen bringt, die es ihm erlauben, seine eigene Körperfarbe zu zeigen. Denn in der Umwelt mit ihren tausend Farbeinflüssen kann der Diamant nur reflektieren, was ihm von seiner Umgebung vermittelt wird.

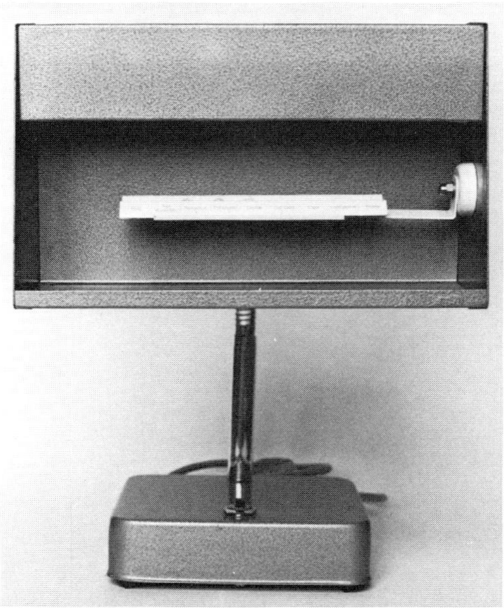

Bevor man Geräte zur Farbprüfung kannte, wurden an den Diamantenbörsen von Antwerpen und Amsterdam nur an den Vormittagen in nach Norden gelegenen Büros Steine verkauft. Und selbst dann waren die Lichtverhältnisse so wenig konstant, daß man heute noch schaudert vor den Irrtümern, die da preislich unterlaufen konnten.

Ein weiteres Gerät zur *Farbmessung* ist das elektronische Farbmeßgerät oder das *Remissions-Spektralphotometer*.

Eine hundertprozentige Aussage läßt sich damit bei Steinen in guten Schliffproportionen und ohne Fluoreszenzerscheinungen erreichen. Der Fachmann wird sich zuerst auf sein geschultes Auge und auf gut ausgewählte Ver-

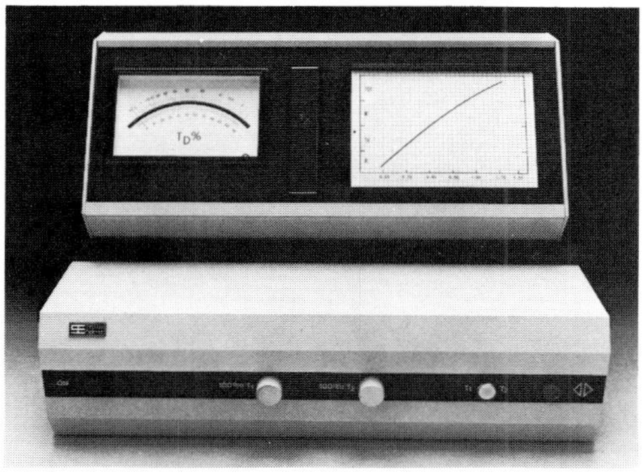

gleichssteine verlassen und dieses Gerät dann zur Überprüfung seines Urteils benutzen. Wenn er kritisch wertet und Grenzfälle – Steine, die zwischen zwei Farbstufen liegen – nach unten einstuft, wird sein Urteil unanfechtbar sein.

Der Laie, der keinen Color-grader besitzt, kann sich behelfen, indem er den Brillanten mit der Oberseite nach unten in einen weißen Papierfalz legt. Auch so läßt sich ein brauchbares Resultat erreichen, vorausgesetzt, man verfügt über die richtige Lichtquelle (zumindest eine Analysenlampe) und Vergleichsbrillanten.

Wie bei der Reinheitsbestimmung gibt es auch bei der Farbgraduierung einen Unterschied zwischen der europäischen und der amerikanischen Nomenklatur. Letztere ermöglicht eine weit exaktere Farbbestimmung.

Die beiden nachstehenden Tabellen sind heute maßgebliche Grundlage für die Beurteilung von Diamanten. Die Nomenklatur nach GIA (USA) ist weit klarer und schärfer als die europäische nach CIBJO. Sie ist vorzuziehen. Ich glaube, daß in Zukunft eine Einheitlichkeit, international gesehen, die einzige Möglichkeit ist, den Käufer vor Enttäuschungen zu bewahren. In meinem Labor wird nach diesen strengen amerikanischen Normen graduiert. Allerdings ist zu bemerken, daß sich die Richtlinien in den letzten Jahren auch dort sehr verschärft haben. Ebenso hat die europäische Nomenklatur ihre Ansprüche in den Farben nach oben verändert.

Fluoreszenz

Einige Diamanten besitzen eine besondere Eigenschaft: die *Fluoreszenz*. Die häufigste Art von Eigenleuchten ist ein mehr oder weniger intensives Hellblau, seltener sind rötliche oder hellgrüne Töne. Diese Erscheinung läßt sich unter einer langwelligen UV-Lampe nachweisen. Wenn einem Interessenten diese nicht allzu häufige Eigenschaft im Diamantlabor gezeigt wird, kann man mit unfehlbarer Sicherheit einen Ausruf des Entzückens erwarten. Es ist in der Tat faszinierend, einen fluoreszierenden Diamanten unter dieser Lichtquelle wie Aladins Wunderlampe in strahlendem Hellblau aufleuchten zu sehen.

Wirklich nützlich im Sinne einer Aufwertung ist diese Eigenschaft allerdings nur bei Steinen in den beiden obersten Farbbereichen river und top wesselton. Denn hier zeigt die Bezeichnung jager (und nur in diesen beiden Farbbereichen darf sie gegeben werden) eine Fluoreszenzerscheinung an und stuft den Stein in manchen Ländern gleichzeitig in die höchste erreichbare Farbstufe ein. Denn auch das Tageslicht enthält ultraviolette Strahlen und bringt dadurch einen echten Blauschimmer zur Geltung, dem Liebhaber einen hohen Wert beimessen.

Allerdings ist bei Steinen mit dieser Eigenschaft auch Vorsicht geboten, denn die

COLOUR

CIBJO-Farbtabelle				1)	2)
Hochfeines Weiß +	Blanc Exceptionnel +	Exceptional White +	Bianco extra eccezionale +	D	river
Hochfeines Weiß	Blanc Exceptionnel	Exceptional White	Bianco extra eccezionale	E	
Feines Weiß +	Blanc Extra +	Rare White +	Bianco extra +	F	top wesselton
Feines Weiß	Blanc Extra	Rare White	Bianco extra	G	
Weiß	Blanc	White	Bianco	H	wesselton
Leicht getöntes Weiß	Blanc Nuancé	Slightly tinted White	Bianco sfumato	I J	Top crystal/ crystal
Getöntes Weiß	Légèrement Teinté	Tinted White	Bianco leggermente colorito	K L	Top cape
Getönt [3])	Teinté	Tinted Colour	Colorito	M Z	From cape to yellow
Fbg. Diamanten (fantasiefarben)	Diamants de couleur spéciale	Fancy diamonds	Diamanti colori fantasia		

[1]) vergleichsweise GIA-Bezeichnungen
[2]) Übergangsregelung bis 1984
[3]) Fakultative Unterteilungsmöglichkeit für verschiedene Länder (z. B. Südafrika)

GIA COLOR-GRADING-SCALE

D E F	G H I J	K L M	N O P Q R	S T U V W X Y Z	
Colorless	Near Colorless	Faint Yellow	Very Light Yellow	Light Yellow	Fancy Yellow

– No Appraisals or Valuations –

D–E–F	=	colorless	N–O–P–Q–R	=	very light yellow
G–H–I–J	=	near colorless	S–T–U–V–W–X–Y–Z	=	light yellow
K–L–M	=	faint yellow	Bei mehr Farbintensität	=	fancy yellow

Die Berechnung von Farbabschlägen

Cirka-Abschläge für die Farben	hochfeines Weiß (river D–E) feines Weiß (top wesselton F–G) Weiß (wesselton H) D = 100 % E = 70 % F = 50 % G = 37 % H = 27 % I = 20 %
Cirka-Abschläge für die Einschlußgrade	vvsi[1] bis P 1 if = 100 % vvsi[1] = 80 % vvsi[2] = 65 % vs[1] = 50 % vs[2] = 45 % si[1] = 40 % si[2] = 35 % P 1 = 30 %
Cirka-Abschläge für Schliffqualität	sehr gut bis gering sehr gut = 100 % gut = 92 % mittel = 80 % gering = 65 %

Fluoreszenz kann eine Farbe vortäuschen. Ein stark fluoreszierender Stein in der Farbe wesselton, die der Laie beim Betrachten im Tageslicht für river hält, zeigt sich im Farbmeßgerät in seiner wahren Hautfarbe. Da zwischen river und wesselton immer ein hoher Preisunterschied besteht, wäre die Freude bei exakter Prüfung von kurzer Dauer und, was wichtiger ist, die finanzielle Einbuße erheblich.

Bevor man diese Fluoreszenzerscheinung richtig erkannte, war die höchste Bezeichnung in der Farbskala der Jager.

Fast alle *Farbbezeichnungen* hängen mit bestimmten Diamantfundorten zusammen, entweder mit Diamantminen oder, wie bei der Bezeichnung river, mit dem Hinweis auf die alluvialen Vorkommen in Flußbetten, die zum Teil farblich hochfeine Steine lieferten. Die Jagersfontein-Mine brachte viele Steine mit Blaufluoreszenz zutage, und erst später entdeckte man, daß es sich dabei nicht um besonders feine Steine, sondern um das Phänomen der Fluoreszenz handelte.

Korrekterweise gehört deshalb auch der jager nicht zu den Farbbezeichnungen, obwohl er hin und wieder immer noch als höchste Stufe im Riverbereich verwendet wird. Auch die Bezeichnung ›blau-weiß‹ ist eigentlich irreführend, da ein Stein in dieser Farbqualität *keinerlei* Farbsättigung, also auch keine blaue, aufweisen darf. Steine mit einer sichtbaren Blausättigung – und hier könnte man wirklich von ›blauweiß‹ reden – sind sog. ›overblues‹ und in der Farb- und Preisskala unter dem echten farbungesättigten Stein eingeordnet.

Steine mit einer sichtbaren *Gelbsättigung* erscheinen dem Auge, wenn sie eine Blaufluoreszenz besitzen, schillernd wie ein Petroleumfleck. Man nennt sie im Fachjargon daher ›petrolfarben«. Auch die Bezeichnung »Premier« gilt für diese Steine; sie nimmt Bezug auf die Premier-Mine, die reich an solchen petrolfarbenen Diamanten war.

Wenn Diamanten im oberen Farbbereich die Bezeichnung *jager* führen, dann sind sie dem Liebhaber in manchen Ländern mehr wert, und dieser Mehrwert kann bis zu 10% ausmachen. Er ist meiner Ansicht nach gerechtfertigt, da ein jager dem Auge die höchste Farbstufe vermittelt und der Bezeichnung »blau-weiß« wirklich am nächsten kommt.

Es gibt allerdings auch Länder, wo es umgekehrt ist, dort wird der Stein ohne Fluoreszenz höher bewertet.

Clarity oder *Reinheit*

Ein Stein wird nach der heute gültigen Diamanten-Nomenklatur als lupenrein oder ›frei von inneren Merkmalen‹ (if = internally flawless) bezeichnet, wenn der durchschnittlich geübte Fachmann unter 10facher Vergrößerung nichts in ihm entdecken kann. Und dabei stellt sich gleich die erste Frage: Wer ist *durchschnittlich* geübt und *was* ist durchschnittlich geübt? Die zweite Frage, die folgerichtig anschließt, heißt: Ist bei 10facher Ver-

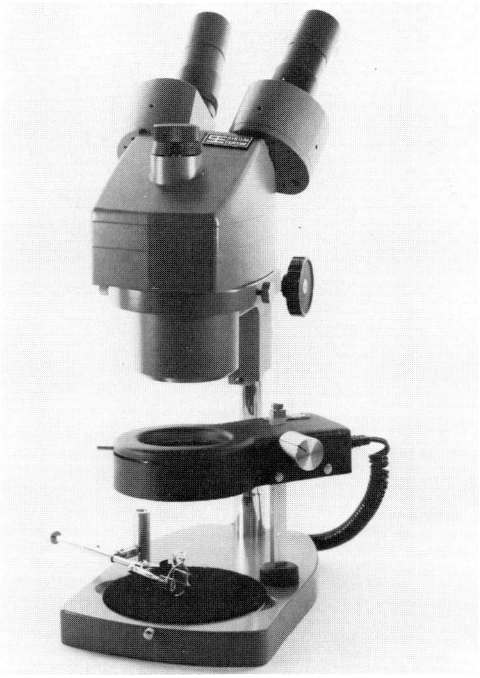

größerung die Handlupe oder ein Diamant-Mikroskop gemeint? Das bedeutet nämlich einen ganz wesentlichen Unterschied. Wenn auch die Vergrößerung die gleiche ist, so sind doch die Voraussetzungen, kleinste innere Merkmale aufzuspüren, unter dem Mikroskop, das den Stein von unten oder oben beleuchtet und ihn dreidimensional zeigt, weit günstiger. Und da das Übersehen auch des winzigsten Einschlusses bereits Geld kostet, rate ich jedem Käufer, darauf zu achten, einen *überdurchschnittlich* geübten Fachmann, der mit dem Mikroskop arbeitet, dem durchschnittlich geübten Fachmann, der nur die Handlupe benützt, vorzuziehen. Ein Juwelier, der selbst kein speziell ausgebildeter Diamantenexperte ist und kein eigenes Labor besitzt, wird seinen Kunden immer ein Gutachten von einem erstklassigen Diamantenlabor mitliefern. Zu seiner und des Kunden Sicherheit. Das Wissen eines guten Juweliers ist heute so vielschichtig bei der Vielzahl an Pretiosen über die er gute Kenntnisse haben muß, daß es nicht allen möglich ist, sich eines einzigen Edelsteines so anzunehmen, wie es für den großen teuren Edelstein nötig ist, um ihn minutiös zu bestimmen.

Die Bezeichnungen für die unterschiedlichen *Reinheitsgrade* liegen heute international fest. Selbst Amerika und Skandinavien, die bis vor kurzen eine etwas abweichende Reinheitsskala hatten, haben sich angeglichen. Es ist nicht mehr üblich, daß nur die Bezeichnung ›f‹ (für flawless) den lupenreinen Stein anzeigt, sondern die Bezeichnung ›if‹ (für internally flawless) ist heute in den USA ebenfalls gebräuchlich. Noch vor nicht allzulanger Zeit konnte ein Stein, der nach der deutschen Nomenklatur als ›if‹ = lupenrein eingestuft wurde, in Amerika mit der Reinheitsstufe ›vvsi bis si‹ versehen werden, wenn er ein äußeres oder Schliffmerkmal aufwies. In der deutschen Nomenklatur werden äußere Merkmale nur bei der Schliffbewertung berücksichtigt, bei der Reinheitsbestimmung zählen sie nicht. (Meines Erachtens ist es richtig und sinnvoll, Schliffmerkmale von inneren Merkmalen zu trennen.)

Die deutschen Reinheitsstufen haben in ihrer Bezeichnung ebenfalls manche Modifizierung erfahren. Zum Glück hat man letztlich begriffen, daß Einschlüsse oder innere Merkmale eines Steines *keine Fehler* sind, sondern ›Naturereignisse‹, die die Geschichte eines Steines erzählen. Sie sind nur deshalb preismindernd, weil Diamanten fast immer solche Entstehungsmerkmale mitbringen, während lupenreine Steine unendlich rar sind.

Rundierte, glatte Rundiste

Bärtige oder fransige Rundiste

Wenn kleine Einschlüsse so rar wären wie die Lupenreinheit, dann wären das die Raritäten mit den höchsten Preisen. Denken Sie nur an den Bernstein, der sich eine Fliege eingefangen hat und dadurch als Rarität einen viel höheren Wert besitzt als ein reiner Stein.

Fehler an einem Edelstein sind durch Schlampereien von Menschenhand entstanden. Wenn z. B. der Schleifer ein bißchen zu eilig war beim Rundieren eines Steines, so daß durch zu große Wärme lauter winzige Risse an der Rundiste entstanden. Wenn eine Kalette aus der Mitte gerutscht ist oder die Symmetrie zu wünschen übrigläßt.

Wenn Einschlüsse so grob sind, daß das menschliche Auge eine Brillanzminderung wahrnimmt, dann allerdings fragt man sich, wer den Fehler gemacht hat, einen solchen Stein überhaupt zum Edelstein schleifen zu lassen.

Ist das Aussehen des Juwels durch grobe Einschlüsse, durch starke Farbsättigung oder durch schlechte Proportionen gemindert, dann ist die Freude an ihm getrübt.

Die erste Voraussetzung dafür, den Menschen zu beglücken, sein Statusbegehren und Prestigedenken zu befriedigen, ist – lassen Sie es uns ruhig aussprechen –, daß der Stein dem menschlichen Auge makellos erscheint. Alles andere ist dann nur noch eine Preisfrage. Und was die bessere ›Anlage‹ betrifft, so habe ich dazu im Kapitel ›Sind Edelsteine eine Sachwertanlage?‹ eine Menge zu sagen, was von der herkömmlichen Meinung erheblich abweicht.

Die heute geltenden Reinheitsbezeichnungen nach CIBJO und GIA zeigt die Tabelle auf Seite 39.

In den USA und Skandinavien werden *Reinheitsgrade* noch in zwei Stufen unterteilt. Also z. B. vvs^1 und vvs^2, bis zu si^1 und ^{2}. Ich halte das bei Steinen ab 1 Karat für sehr sinnvoll, weil vor allem von der Stufe vvs^1 bis vvs^2 die Wertminderung bis zu 15 % betragen kann. Bei der Einstufung in die jeweiligen Reinheitsgrade sind Größe und Plazierung der Einschlüsse ein maßgebender Faktor. Ein Einschluß in den äußeren Facetten oder auf der Unterseite des Steines ist weniger gravierend als ein Einschluß direkt unter der Tafel.

Maßgeblich bei der Bewertung eines Einschlusses ist auch der Einfluß, den er auf die Haltbarkeit eines Steines haben kann. Die Reinheitsgrade nach CIBJO entsprechen den RAL Bestimmungen. Risse, ob Spalt-, Bruch-

CIBJO-Reinheitstabelle	
Die Reinheit eines Diamanten ist unter zehnfacher Vergrößerung einer achromatischen und aplanatischen Lupe bei normalem Licht durch einen geübten Fachmann zu prüfen und folgendermaßen zu unterteilen:	
lupenrein (lr)	Ein Diamant darf nur dann als lupenrein bezeichnet werden, wenn er sich unter dieser Voraussetzung als absolut transparent und frei von Einschlüssen erweist.
vvs (vvsl, vvs2)	Sehr sehr kleine Einschlüsse, bei 10× Vergrößerung nur sehr schwierig zu erkennen.
vs (vsl, vs2)	Sehr kleine Einschlüsse, bei 10× Vergrößerung schwierig zu erkennen.
si	Kleine Einschlüsse, bei 10× Vergrößerung leicht zu erkennen, durch das Oberteil nicht mit bloßem Auge sichtbar.
PI (Piqué I) (Pikee I)	Einschlüsse, die bei 10× Vergrößerung sofort erkennbar sind, aber die Brillanzwirkung nicht beeinträchtigen. Mit bloßem Auge gerade noch durch das Oberteil zu erkennen.
PII (Piqué II) (Pikee II)	Größere und/oder zahlreiche Einschlüsse, die mit bloßem Auge durch das Oberteil gut zu erkennen sind und die Brillanz etwas beeinträchtigen.
PIII (Piqué III) (Pikee III)	Große und/oder zahlreiche Einschlüsse, die mit bloßem Auge sehr leicht zu erkennen sind und die Brillanz deutlich beeinträchtigen.

Begriffe wie »rein«, »augenrein«, »handelsrein« oder andere täuschende Bezeichnungen sind nicht zu verwenden.

GIA CLARITY-GRADING-SCALE

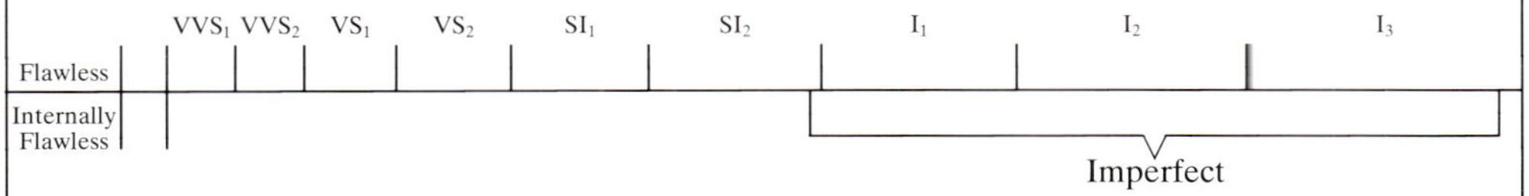

f	= ohne innere und äußere Merkmale = lupenrein		vs^1–vs^2	= mit sehr kleinen Einschlüssen
if	= ohne innere Merkmale = lupenrein		si^1–si^2	= mit kleinen Einschlüssen
vvs^1–vvs^2	= mit sehr sehr kleinen Einschlüssen		I^1	= mit sof. erkennb. Einschlüssen
			I^2	= zahlreiche größere Einschlüsse
			I^3	= zahlreiche große Einschlüsse

oder Spannungsrisse, können gefährlich sein, da sie sich beim Fassen, wenn der Stein unter Spannung kommt, unter Umständen vertiefen können. Das gilt vor allem für Risse nahe der Rundiste.

Außer den Rissen gibt es die *Kristalleinschlüsse*. Sie können in den unterschiedlichsten Farben auftreten. Am häufigsten findet man im Diamanten den farblosen Zirkon, den Hämatit und den Magnetkies, den rötlichen Granat, gelbgrünen Entstatit, den gelblichen Diamant, Glimmer und Quarze.

Wolken und *Trübungen*, die einen Stein beim Betrachten durch das Mikroskop ›staubig‹ erscheinen lassen, sind Anhäufungen winziger Kristallpartikel, die erst dann die Transparenz beeinträchtigen, wenn sie große Flächen des Steines bedecken.

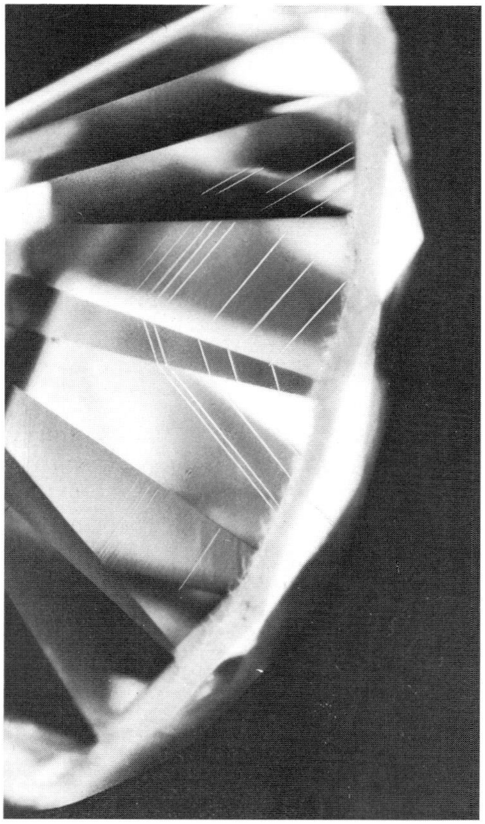

Auch *Zwillingsnähte* finden sich in Diamanten. Sie sehen wie feingebogene Linien aus. Das ist aber eine optische Täuschung. In Wirklichkeit sind Zwillingsnähte ebene Flächen, die quer durch den ganzen Stein verlaufen. Es sind die Basisflächen von Zwillingskristallen. Bei der Bewertung werden sie allerdings kaum berücksichtigt, da sie nicht leicht zu erkennen und meist farblos sind.

Einschlüsse, die sich im Stein mehrfach widerspiegeln, werden negativer gewertet als ein inneres Merkmal, das nur einmal zu sehen ist.

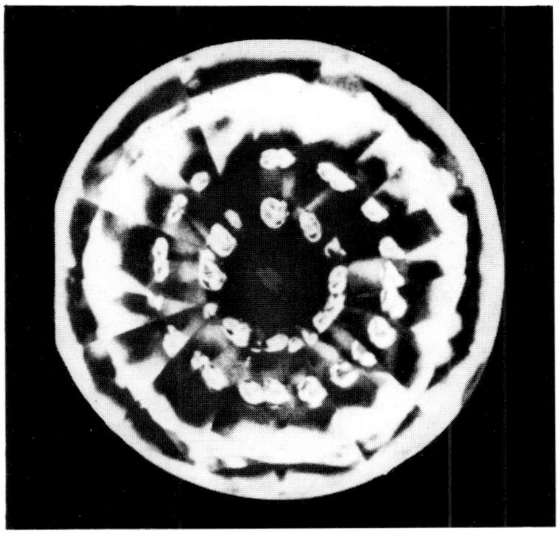

Für eine Beurteilung gemäß der deutschen Nomenklatur gelten zusammengefaßt folgende *Kriterien*, die sorgfältig abgewogen werden müssen: Anzahl und Größe der inneren Merkmale, Sichtbarkeit, Minderung der Brillanz, Gefährdung der Haltbarkeit des Steines.

Im folgenden Bildteil wurde jede Einschlußstufe mit einigen typischen Merkmalen wiedergegeben, so daß sich der Edelsteinliebhaber selbst ein Bild machen kann, wie unter dem Mikroskop die einzelnen Reinheitsgrade und Stufen aussehen.

Hinweise zum Mikroskopieren:

Wollen Sie in diesen schwierigsten Teil des Diamantengraduierens eindringen, brauchen Sie vor allem Geduld, Systematik und Erfahrung. Wer unter dem Mikroskop nach Einschlüssen sucht, muß immer wieder zu Spezialtuch und Pinsel greifen. Der Diamant hat nämlich eine große Affinität zu Fett, er zieht es an wie der Honig die Biene. Alkohol ist ein gutes Hilfsmittel, und Spezialtücher, die man immer nur von der Unterseite berühren sollte, sind unerläßlich. Auch der Pinsel, der feine Härchen und Staubteile entfernt, sollte nicht mit den Fingern angefaßt werden, da er sonst zum ›Schmierpinsel‹ wird. Wenn der Stein völlig sauber ist, wird er mit dem Oberteil nach unten auf eine saubere Unterlage gelegt. Nur so läßt sich der Stein leicht aufnehmen und mit der Pinzette unter das Mikroskop bringen. Er wird dann so eingestellt und plaziert, daß er sich dem Betrachter in voller Schärfe und in der Mitte des Blickfeldes darbietet.

Da Einschlüsse in allen Ebenen des Steines sitzen können, muß er langsam von oben nach unten bewegt werden, um sicherzustellen, daß jede Ebene einmal in voller Schärfe nach Einschlüssen durchleuchtet worden ist.

Dabei sollte man ganz systematisch vorgehen und mit der *Tafel* des Steines beginnen. Ist hier nichts zu finden, wandert der Blick von den Tafelfacetten zu den Haupt- und Rundistfacetten. Danach wird der Steinhalter gedreht, um den Stein auch von unten prüfen zu können. Die meisten Einschlüsse erkennt man durch die Tafel- und Oberteilfacetten. Man beendet die Reinheitsgraduierung, indem man sich die Unterteilhaupt- und Rundistfacetten vornimmt und auch an der Rundistkante nach Einschlüssen sucht.

Schwierig wird das Erkennen und Einstufen von Einschlüssen, die mehrfach durchge-

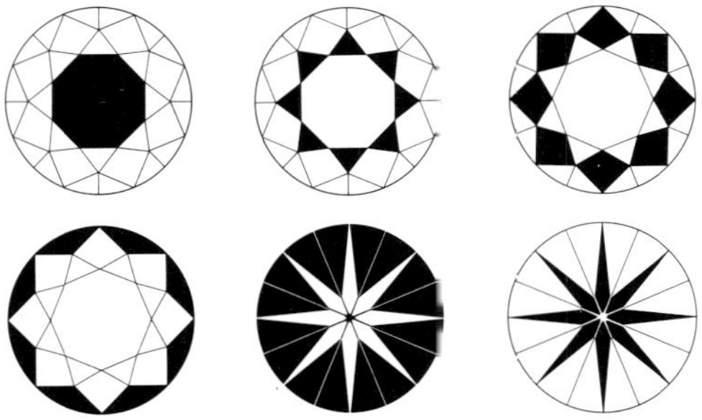

Beispiele für Reinheitsstufe VVS^1–VVS^2

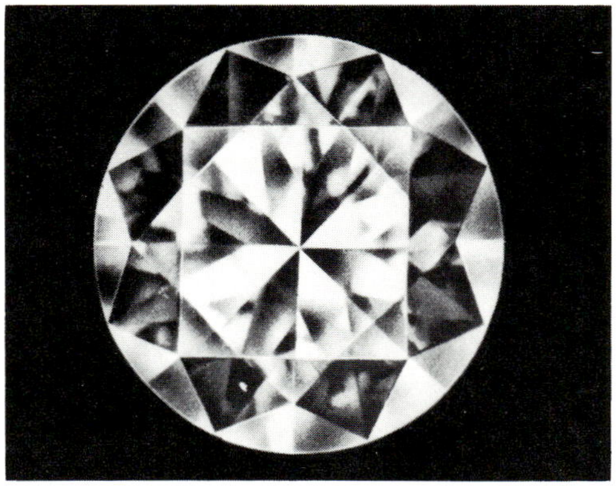

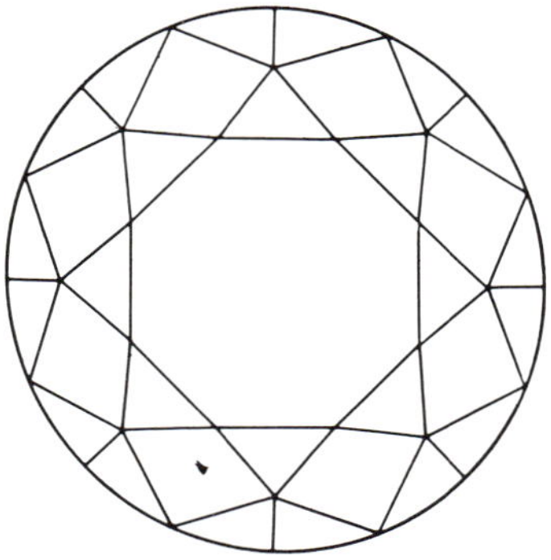

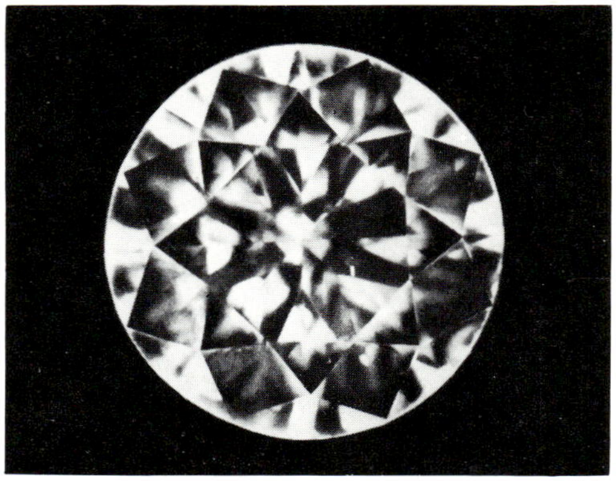

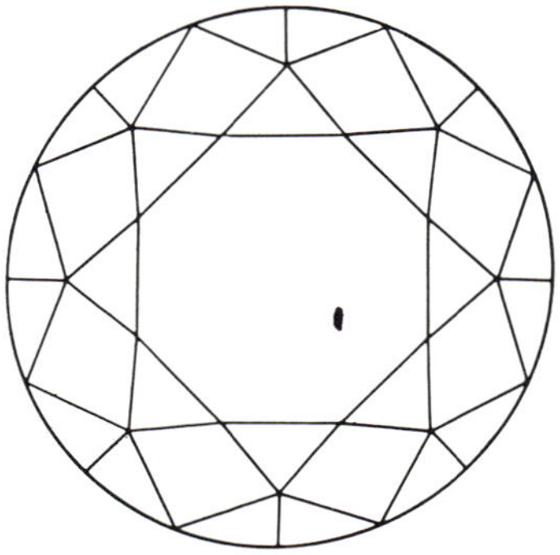

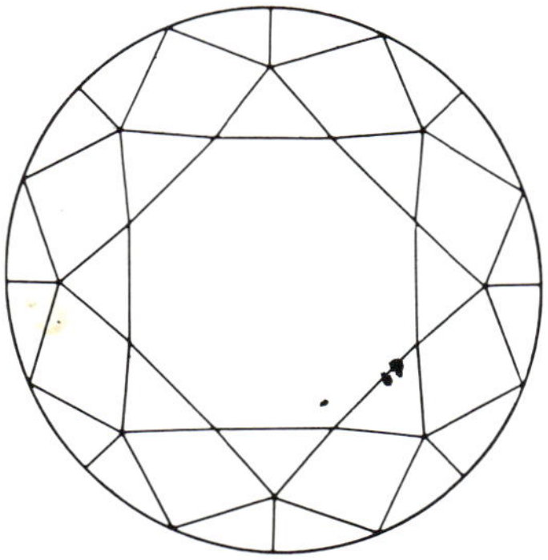

Beispiele für Reinheitsstufe VS^1–VS^2

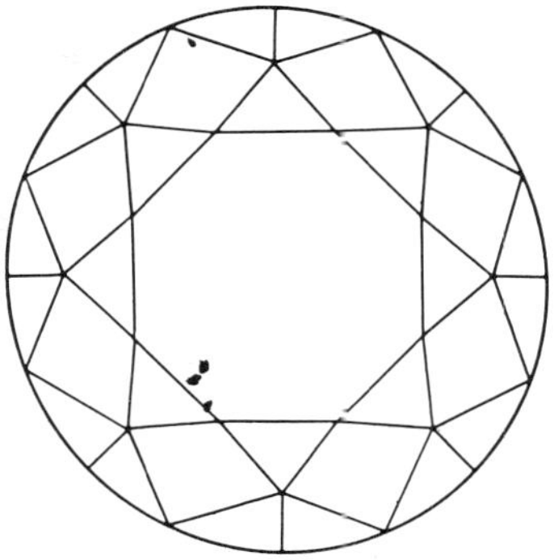

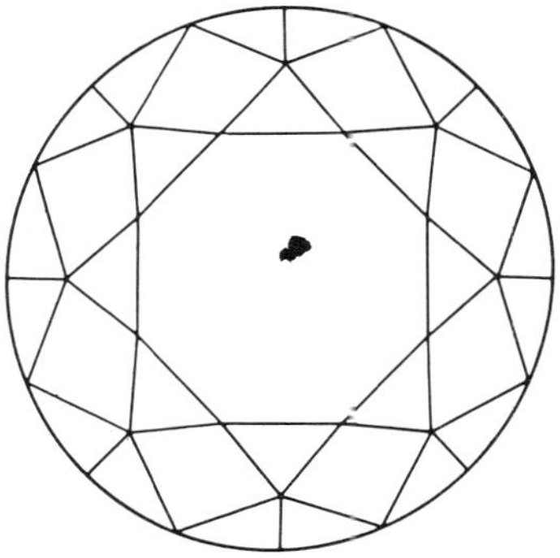

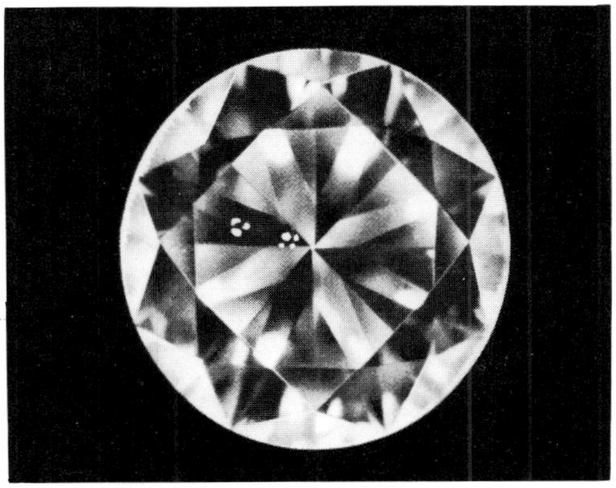

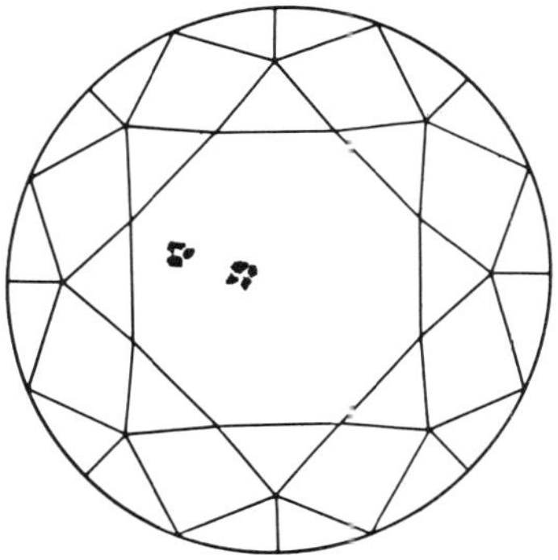

Beispiele für Reinheitsstufe SI^1–SI^2

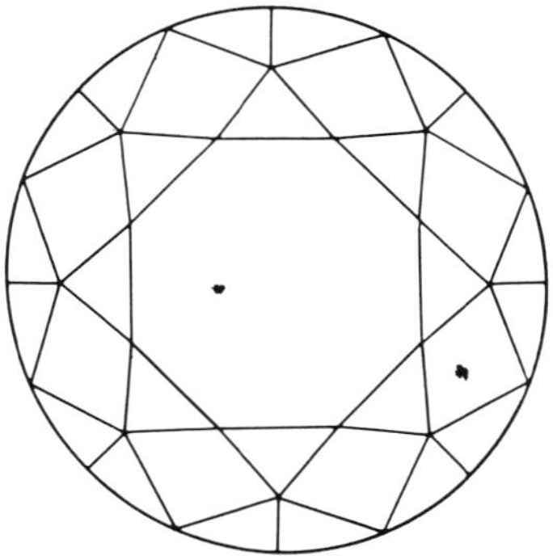

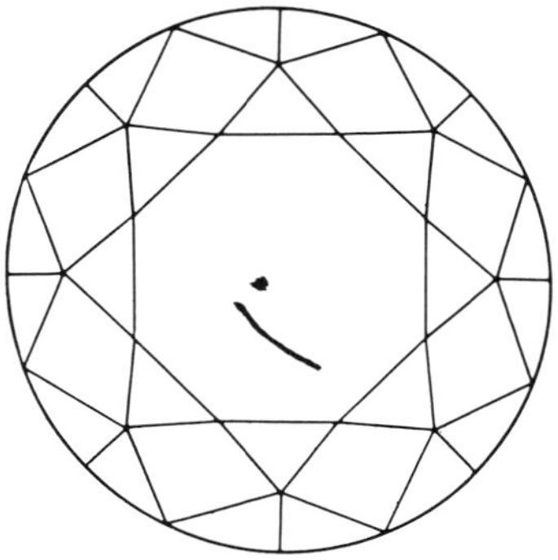

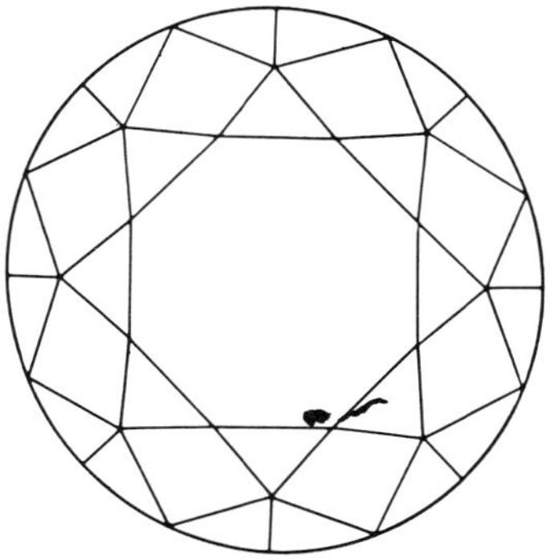

BEISPIELE FÜR REINHEITSSTUFE 1. PIQUÉ

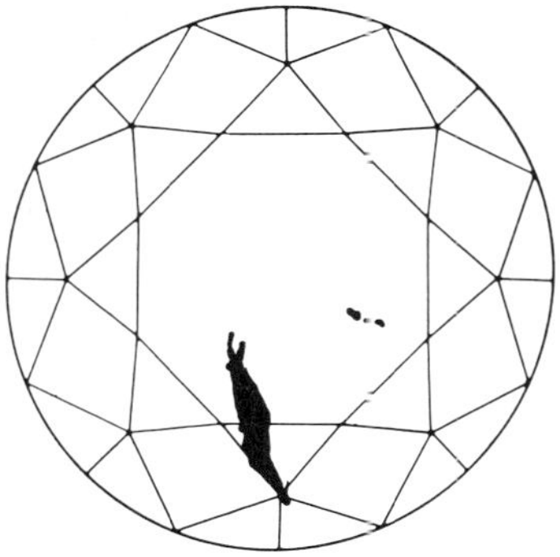

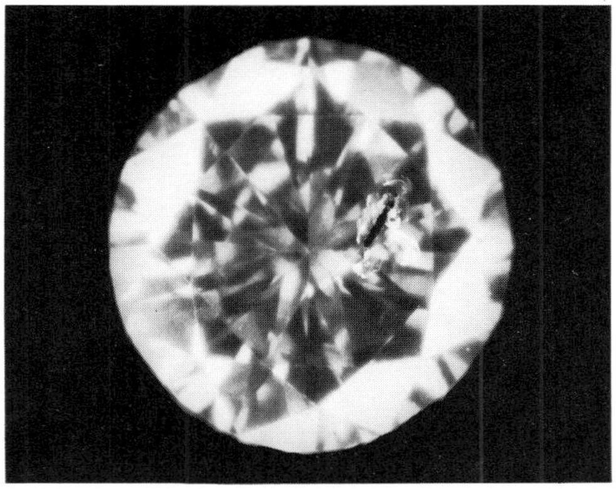

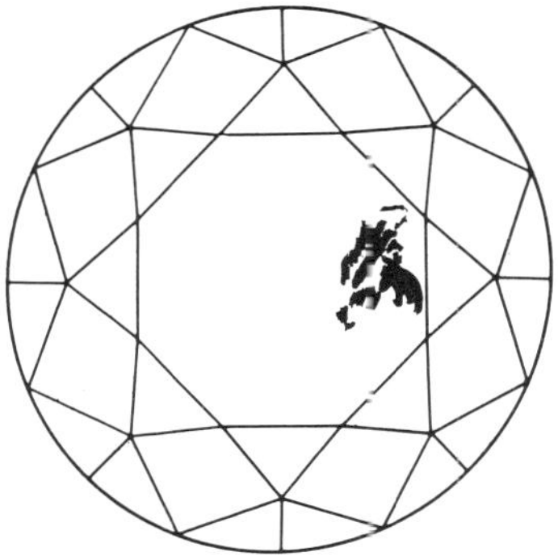

Beispiele für Reinheitsstufe 2. Piqué

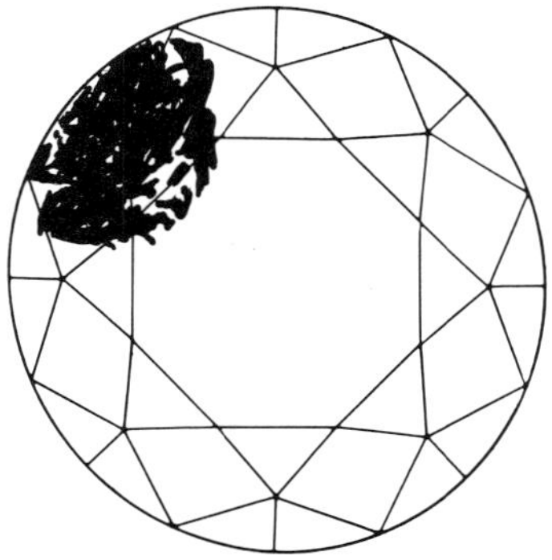

Beispiele für Reinheitsstufe 3. Piqué

spiegelt werden, und die dem Anfänger echte Rätsel aufgeben, wo hier nun eigentlich der wahre Täter sitzt (siehe Abbildung).

Bestes Hilfsmittel für den Laien ist es, zu prüfen, ob die Einschlüsse alle dieselbe Form aufweisen, denn dann kann er mit Sicherheit annehmen, daß es sich um eine Spiegelung handelt. Ein weiteres Hilfsmittel ist es, Spiegelungen zu unterbinden, indem man die Facette, unter der der Einschluß sitzt, senkrecht zur Blickrichtung stellt.

Wenn Sie so weit (oder noch weiter) in die Edelsteingraduierung eindringen wollen, dann wird Ihnen dieser kleine ›Fremdenführer‹ durch den Edelsteingarten vermutlich nicht mehr genügen. Dann müßten Sie den Sprung zum echten Profi machen, mit Kursen und einer anschließenden Lehrzeit, um die nötigen Erfahrungen zu sammeln.

Cut oder *Schliff*

Lange Jahre ist eine Aussage über die Schliffgüte eines Steines nicht üblich gewesen. Nur die Schlifform wurde bezeichnet. Heute weiß man, welchen Einfluß nicht die Schliff-*Form*, sondern die Schliff-*Güte* auf die Brillanz eines Steines hat.

Die *Schliffqualität* eines Diamanten besteht aus zwei Komponenten, die beide für die Brillanz und damit für den Preis des Steines von maßgeblicher Bedeutung sind: Schliff-Proportion und Schliff-Ausführung. Verantwortlich für hervorragendes Feuer sind vor allem die dem Stein gegebenen Proportionen. Die Auffächerung des Lichtes in die Farben des Spektrums, die Erzeugung von Glanzlichtern, Szintillationsbrillanz und die Totalreflexion hängen von der gekonnten Anwendung physikalisch-optischer Gesetze ab, nach denen der Mensch lange gesucht hat.

Es ist kaum zu glauben, welch zauberhafte Eigenschaften in Diamanten stecken, die als Rohsteine aussehen können wie eine Handvoll Kandiszucker. Dabei kann es die seltsamsten Überraschungen geben, wenn ein Rohstein durch eine Haut, die ihn wie ein Mantel umgibt, aussieht wie ein dunkler häßlicher Kieselstein und nach dem Schleifen einen strahlend schönen, blauweißen Edelstein zutage bringt. Denn erst wenn der Mensch dem ungeschliffenen Tiefstapler die Haut abzieht und ihn in Form bringt, wird er zum meistbeachteten und höchstbezahlten Juwel der Erde.

Brillanz

Physikalisch gesehen faßt die Bezeichnung Brillanz mehrere unterschiedliche optische Vorgänge im Diamanten zusammen:

Außenbrillanz
Glanz, hervorgerufen durch die Reflexion des Lichtes an den Facetten

Innenbrillanz
Lichtbrechung und Totalreflexion des Lichtes an den Unterteilfacetten

Streubrillanz
Zerlegung des Lichtes (= Dispersion), die das ›Feuer‹ oder ›Leben‹ im Brillanten bewirkt

Szintillationsbrillanz
Das ›Funkeln‹ des Steines in der Bewegung.

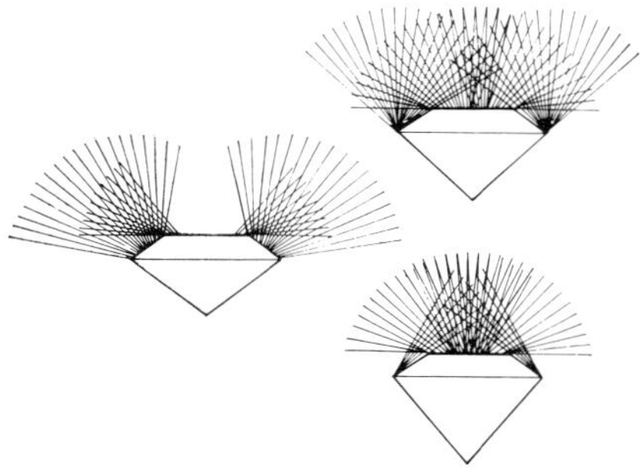

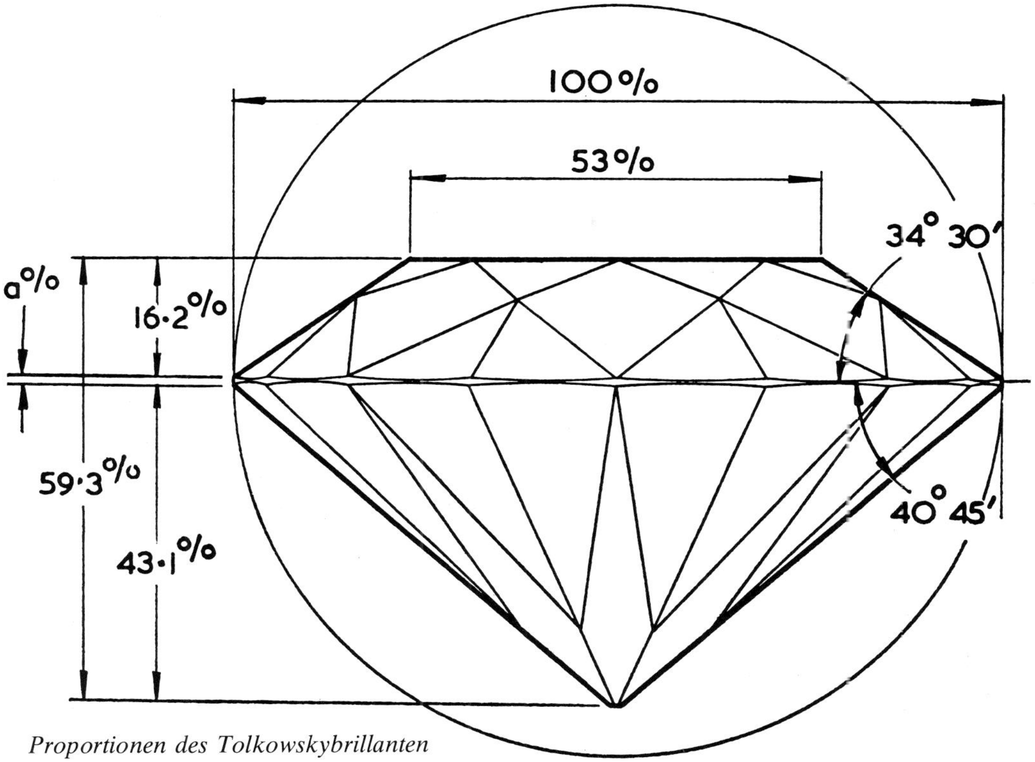

Proportionen des Tolkowskybrillanten

Der Altschliff mit nur 46 Facetten wurde zum 56-Facetten-Schliff weiterentwickelt, weil das hohe Oberteil mit einer relativ kleinen Tafel zwar eine maximale Lichtbrechung, d. h. Brillanz erbrachte, hinsichtlich der Lichtausbeute aber zu wünschen übrigließ. Auch die Größenwirkung ist beim heutigen Schliff, mit der größeren Tafel und dem gestreckten Oberteil, verbessert. Optisch groß wirkende Steine sind immer besser zu verkaufen, selbst wenn die Brillanz etwas gemindert ist. Das menschliche Auge kann eine minimale Minderung, ohne sehr geübt zu sein, gar nicht wahrnehmen, mißt aber zuerst einmal den Wert des Steines an seiner Größe.

Die *Szintillationsbrillanz* entsteht, wenn der Diamant bewegt wird. Es wird also den Damen empfohlen – vor allem bei künstlichem Licht – wieder zum Fächer zu greifen, um dem teuren Juwel, mit graziösen Bewegungen, die gebührende Aufmerksamkeit zu verschaffen.

Die heute gültige Tabelle, die eine Übersicht der Abschläge bei der Schliffgraduierung erlaubt, finden Sie auf Seite 56. – Mit der zunehmenden Wertschätzung des Diamanten, vor allem als Absicherung von Geldwerten,

SCHLIFFORMEN

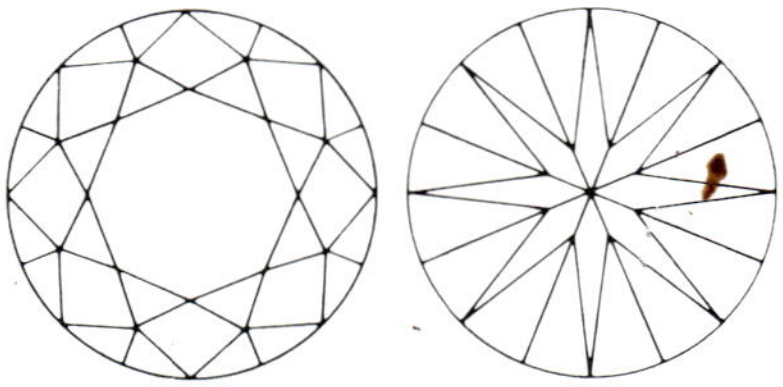

Brillant

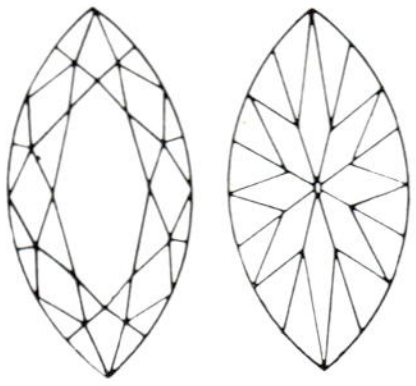

Navette oder Marquise

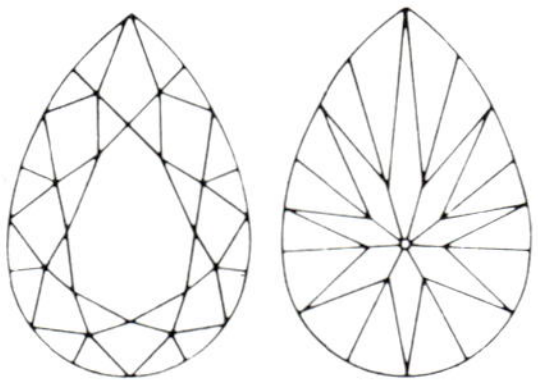

Pendeloque oder Poire

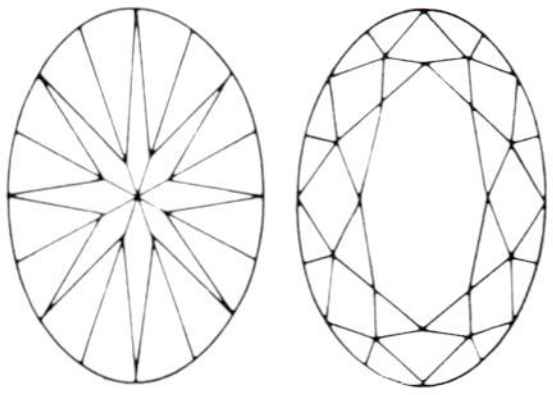

Oval

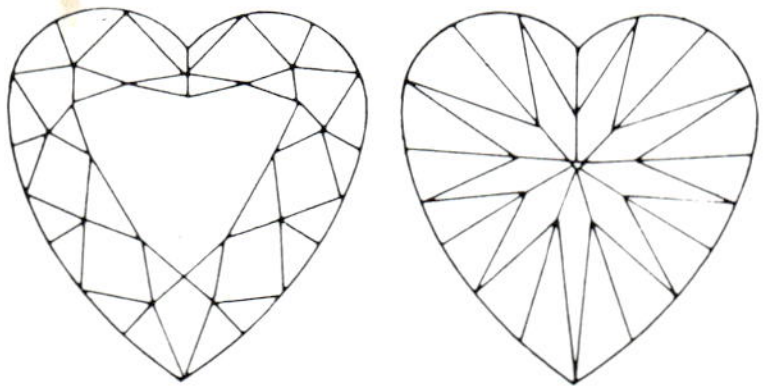

Herzform

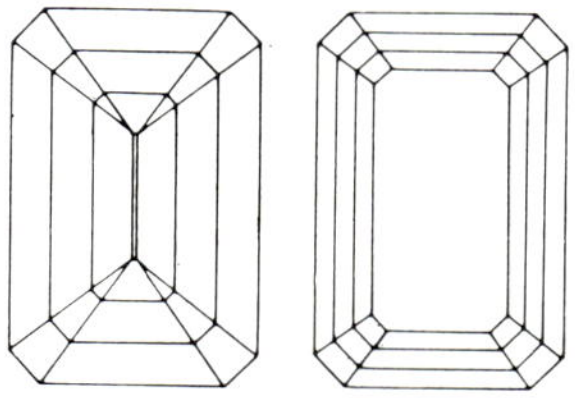

Smaragdschliff länglich

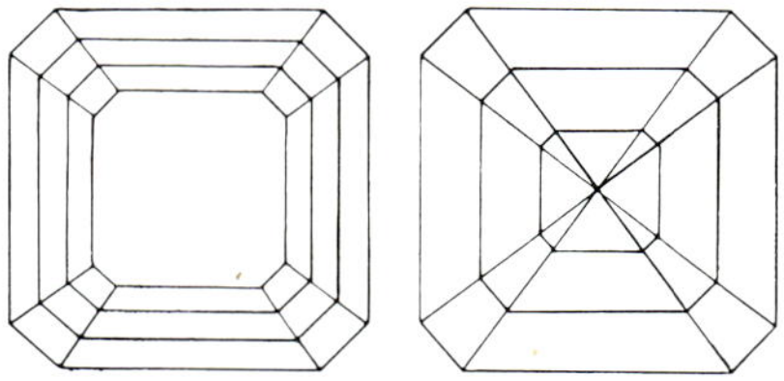

Smaragdschliff quadratisch

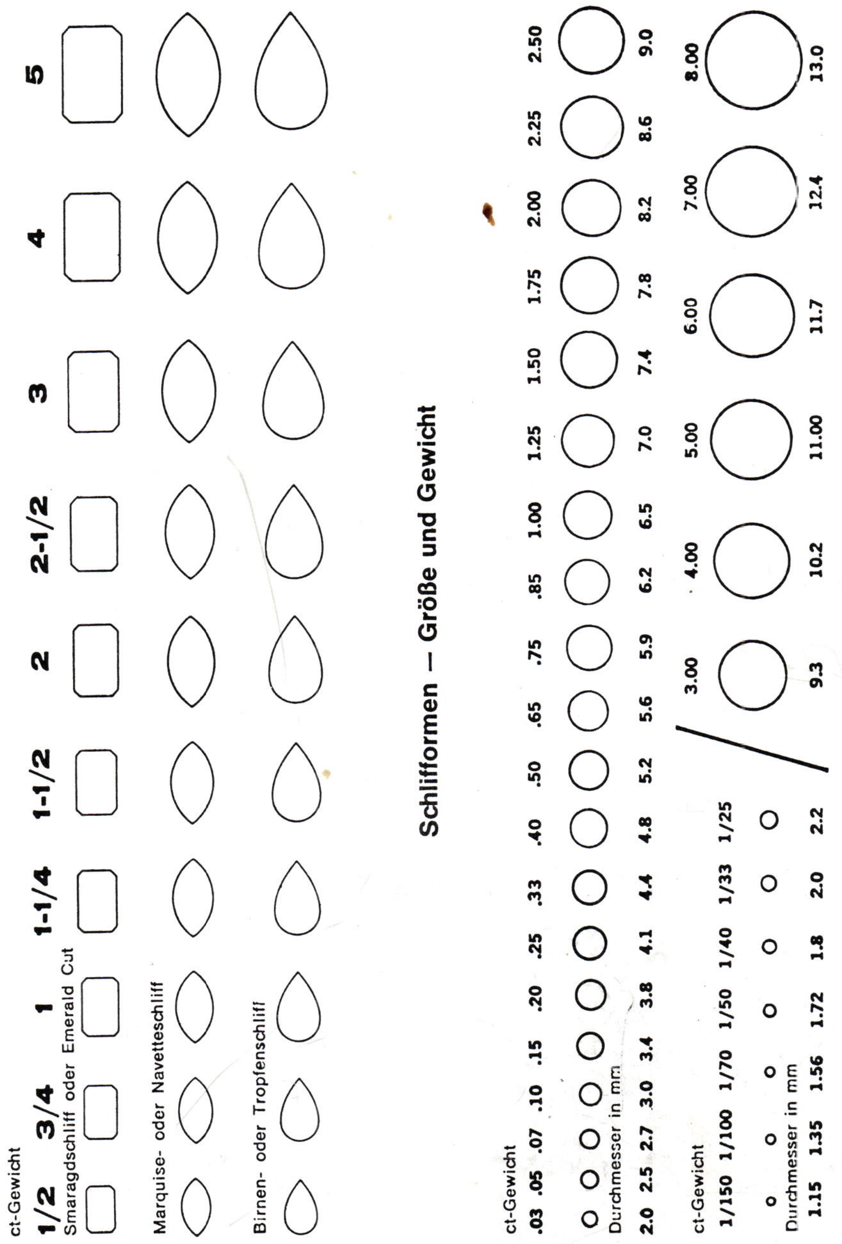
Schliffformen – Größe und Gewicht
ct-Gewicht
1/2 3/4 1 1-1/4 1-1/2 2 2-1/2 3 4 5
Smaragdschliff oder Emerald Cut
Marquise- oder Navetteschliff
Birnen- oder Tropfenschliff
ct-Gewicht
.03 .05 .07 .10 .15 .20 .25 .33 .40 .50 .65 .75 .85 1.00 1.25 1.50 1.75 2.00 2.25 2.50
Durchmesser in mm
2.0 2.5 2.7 3.0 3.4 3.8 4.1 4.4 4.8 5.2 5.6 5.9 6.2 6.5 7.0 7.4 7.8 8.2 8.6 9.0
ct-Gewicht
1/150 1/100 1/70 1/50 1/40 1/33 1/25
3.00 4.00 5.00 6.00 7.00 8.00
Durchmesser in mm
1.15 1.35 1.56 1.72 1.8 2.0 2.2
9.3 10.2 11.00 11.7 12.4 13.0

hat der Mensch begonnen, gute Schleifresultate nicht mehr dem Zufall zu überlassen. Er hat Berechnungen angestellt, wie die optimale Brillanz und Lichtwirkung zu erreichen sei.

Diese Entwicklung begann um 1900.

Der Tolkowsky-Brillant:

Oberteilhöhe	16,2 %	jeweils gemessen am Rundistdurchmesser
Unterteilhöhe	43,1 %	
Tafeldurchmesser	53,0 %	

Von diesen Proportionen geht Amerika auch heute noch aus. Sie verleihen einem Stein das höchste Maß an Feuer und Brillanz.

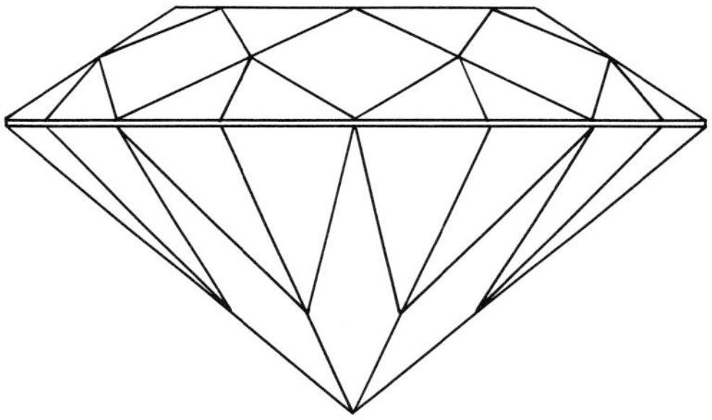

Der Ideal-Brillant:

Etwa zur selben Zeit von Roesch und Jonson konzipiert

Oberteilhöhe	19,2 %	jeweils gemessen am Rundistdurchmesser
Unterteilhöhe	40,0 %	
Tafeldurchmesser	56,1 %	

Diese Proportionen finden heute keine Berücksichtigung mehr, da die Brillanzwirkung nicht gut genug ist.

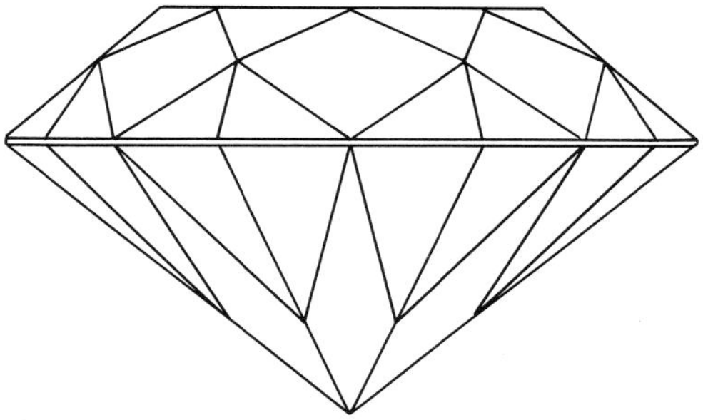

Der *Feinschliff* in Deutschland, um 1939 von Eppler konzipiert:

Oberteilhöhe	14,4 %	jeweils gemessen am Rundistdurchmesser
Unterteilhöhe	43,2 %	
Tafeldurchmesser	56,0 %	

Diese Schliffproportionen sind denen des Tolkowsky-Schliffes sehr ähnlich. Sie erbringen eine ausgezeichnete Brillanz und berücksichtigen darüber hinaus das wichtige Verkaufsargument der Größe, weil sie ein etwas gestreckteres Oberteil auch im Schliffbereich ›sehr gut‹ zulassen.

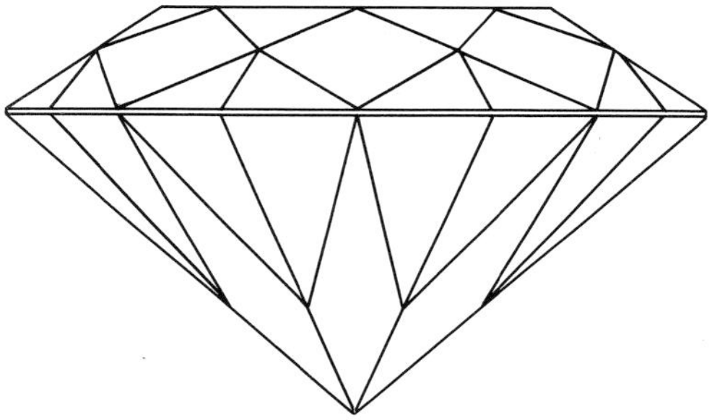

Der Skandinavische Brillantschliff:

Oberteilhöhe	14,6 %	jeweils gemessen am Rundistdurchmesser
Unterteilhöhe	43,1 %	
Tafeldurchmesser	57,5 %	

Auch diese Proportionen gleichen dem deutschen Feinschliff und dem Tolkowsky-Schliff, was wohl beweist, daß hier international angestellte Berechnungen zu optimalen Ergebnissen geführt haben.

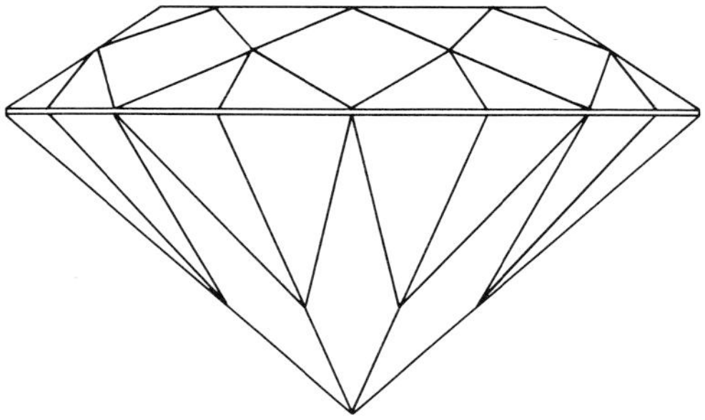

Parker-Brillant

Oberteilhöhe	10,5 %	jeweils gemessen am Rundist-durchmesser
Unterteilhöhe	43,4 %	
Tafeldurchmesser	55,9 %	

Da die Brillanzwirkung dieser Schliff-Form wegen des zu schwachen Oberteils wenig gut ist, wird sie heute nicht mehr geschliffen.

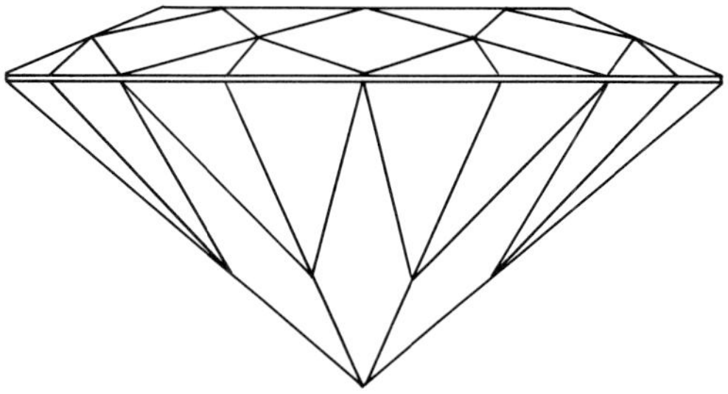

Zur genauen Bestimmung der *Schliffgüte* beginnt der Fachmann seine Messungen, solange der Stein noch zur Begutachtung auf Reinheit unter dem Mikroskop eingespannt ist. Mit einem Tafelmeßgerät wird die Strecke zwischen zwei gegenüberliegenden Tafelecken gemessen, und zwar zur Kontrolle an zwei verschiedenen Schnittpunkten. Der Mittelwert in Prozenten wird folgendermaßen errechnet: Durchschnitt der gemessenen Tafelwerte geteilt durch Durchschnitt der Rundistmessungen. Diese Messung wird, wie auch der Reinheitsbefund, in das Gutachten eingetragen.

Gleichzeitig wird festgestellt, ob die Kalette gut zentriert ist und in welche Größenkategorie sie einzuordnen ist.

Die richtigen Benennungen laufen dabei von ›Punkt‹, ›sehr klein‹, ›klein‹ über ›mittel‹ bis ›groß‹. Hier wird auch vermerkt, ob die Kalette Beschädigungen aufweist.

Eine Kalette in der Größenordnung ›mittel‹ ist zwar bereits eine minimale Wertminderung, weil sie durch das Mikroskop wie ein winziger schwarzer Punkt wirkt. Andererseits ist eine nadelspitze Kalette so leicht verletzlich, daß man immer mehr dazu übergeht, sie als kleine achteckige Facette zu schleifen, um damit diese Verletzbarkeit auszuschließen.

Häufig sieht man bei Steinen, die um und vor der Jahrhundertwende geschliffen wurden, übergroße Kaletten, die den Eindruck eines häßlichen großen Loches im Stein machen.

Leider ist dieser Schönheitsfehler, ohne einen großen Gewichtsverlust in Kauf zu nehmen, nicht auszumerzen.

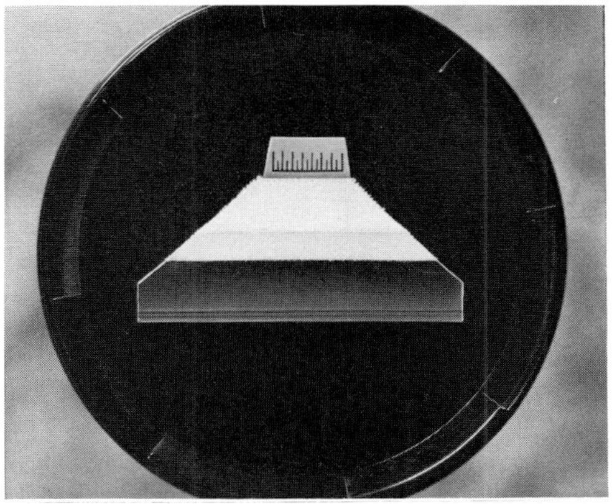

Tafelmeßgerät

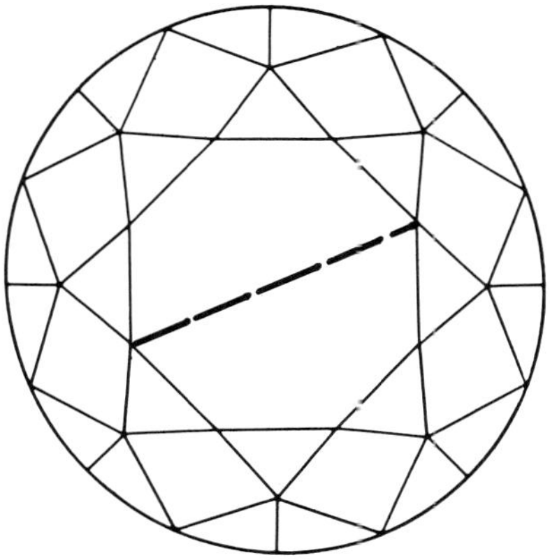

Meßlinie

Punkt

Mittel

Sehr klein

Groß

Klein

Rauhe Kalette

Solange der Stein noch unter dem Mikroskop liegt, wird außerdem geprüft, ob seine Tafelkanten gleichmäßig sind und ob die Tafel nicht seitlich verschoben ist. Dabei wird beachtet, ob alle Facetten spitz verlaufen und sich genau in einem Schnittpunkt treffen. Stumpf auslaufende Facetten und schlecht eingehaltene Schnittpunkte sind ebenso eine Beeinträchtigung von Schönheit und Preis wie Einschlüsse und schlechte Farben. Nach dieser Überprüfung wird der Stein aus der Steinklammer genommen und zwischen Tafel und Kalette neu gefaßt. Erst in dieser Position lassen sich unter dem Mikroskop die Rundiste in ihrem Verlauf und die Symmetrie von Ober- und Unterteilfacetten überprüfen.

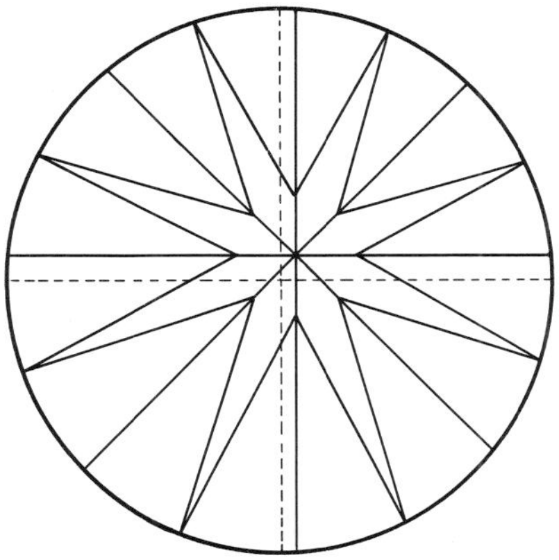

Schlecht zentrierte Kalette

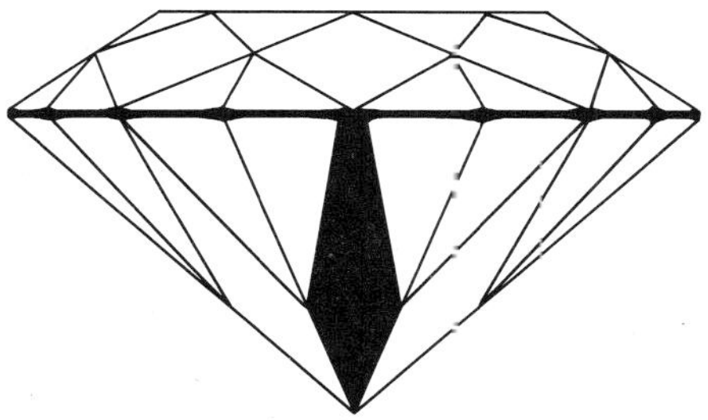

Stumpf zulaufende Unterteilfacette

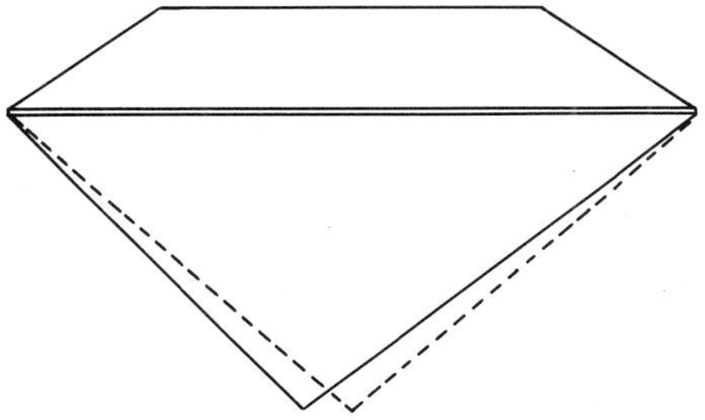

Schlecht zentrierte Kalette, Seitenansicht

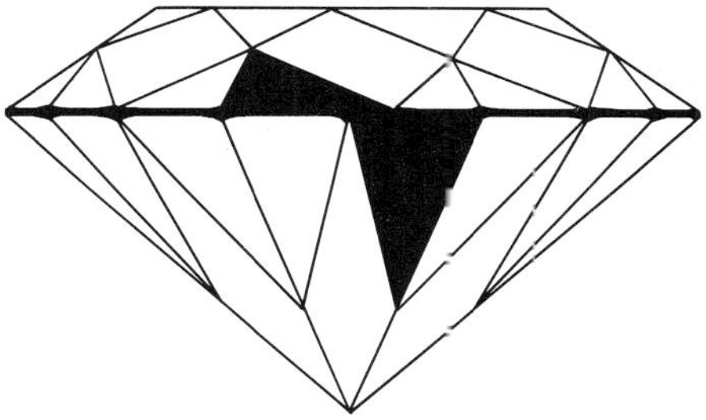

Verschobene Ober- und Unterteilfacetten

Übersichtstabelle der Schliffgraduierung und Bewertung

Empfohlen für Diamanten ab 1,00 ct.

I. Proportionen	**Soll-Qualität**		**Ist-Qualität**			
Abmessungen	Feinschliff der Praxis	Toleranzen	sehr gut	gut	mittel	gering
Rundistdurchmesser Tafelgröße Gesamthöhe inkl. Rundiste Oberteilhöhe Rundiststärke Unterteilhöhe	100 % 56 % 59 % 14,4 % 1–2 % 43,2 %	99–101 % 52–64 % 12–16 % ger. als 3 % 42–45 %	Keine Abweichungen der Toleranzen	Geringe Abweichungen der Toleranzen bis max. 5 %	Stärkere Abweichungen der Toleranzen bis max. 10 %	Auffallende Abweichungen der Toleranzen über 10 %
Verhältnis Ober- : Unterteilhöhe	1 : 3,0	1 : 2,5 bis 1 : 4,0				
Symmetrie (10x Vergrößerung) Oberteil	Tafelkanten-Linien parallel Tafel zentriert und parallel zur Rundistebene Tafelfac.: Rundistfac. = 50 : 50		Beste Symmetrie	Schwach gestörte Symmetrie	Gestörte Symmetrie	Stark gestörte Symmetrie
Unterteil	Rundiste gleichmäßig Unterteil HF : URF = 80 : 20 Kalette zentriert Ober- : Unterteil nicht verschoben		Hervorragende Brillanz	Gute Brillanz	Geminderte Brillanz	Erheblich geminderte Brillanz
	● Wertminderung ca.		bis 2 %	3–8 %	9–20 %	16–30 %
II. Äuß. Merkmale (10x Vergrößerung) Rundiste	gleichmäßig, schmal, glatt		desgleichen	gering unregelmäßig	an mehreren Stellen unregelmäßig	breit und wellig, rauh
Fransen	keine		keine	geringe Fransen	mehrere Fransen	starke Fransen
nat. Kristallflächen	keine		1–4, unterhalb der Rundiste, nicht breiter als Rundiste	1–4, unterhalb der Rundiste, etwas breiter als Rundiste	1–4 größere. Auch kleinere, oberhalb der Rundiste	größer als $\frac{1}{4}$ der Unterteil-Facetten
zusätzl. Facetten	keine		keine	kleine	größere	starke
Kerben	keine		keine	kleine	größere	starke
Bruchstellen	keine		desgleichen	klein o. sehr gering beschädigt	mittelgroß o. leicht beschädigt	groß u. stark beschädigt
Kalette	sehr klein, poliert					
Politur	keine Polirturstreifen u. Kratzer keine beschädigten Facettenkanten keine Zwillingslinien keine Wachstumslinien keine gebrannten Stellen		desgleichen	geringe Politurstreifen und andere Merkmale	mehrere Politurstreifen und andere Merkmale	starke Politurstreifen und andere Merkmale
	Zusammenfassende Beurteilung		Keine äußeren Merkmale	Wenige kleinere äußere Merkmale	Einige größere äußere Merkmale	Zahlreiche und/oder große äußere Merkmale
	● Wertminderung ca.		bis 2 %	3–5 %	6–15 %	11–20 %

Die *Schliffgüte* eines Brillanten kann man meist schon an der Feinheit und Gleichmäßigkeit seiner Rundiste ablesen. Selten findet man einen hochwertigen großen Stein mit schlechter Rundiste. Als Regel gilt: Sie soll gleichmäßig verlaufen und nicht mehr als knapp 3 % vom Gesamtdurchmesser des Steines ausmachen. Wenn sie zu dick ist, nützt auch die Facettierung nichts, obwohl diese den Farbeindruck bei Steinen in der Farbe river bis wesselton bei der Farbprüfung verbessert. Bei Steinen ab der Farbe top crystal dagegen verstärken dicke Rundisten die Farbintensität und

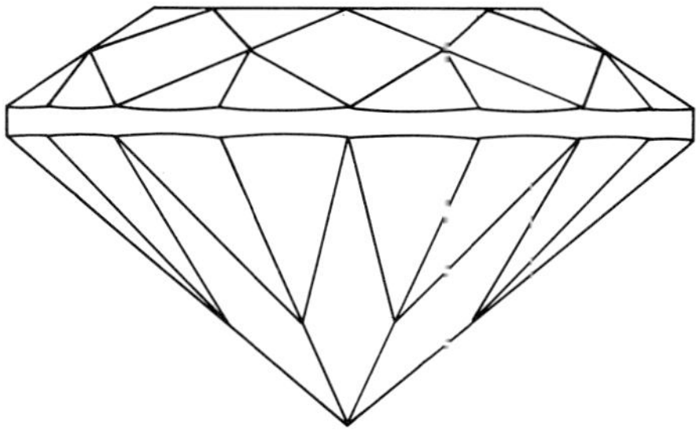

Mittlere Rundiste

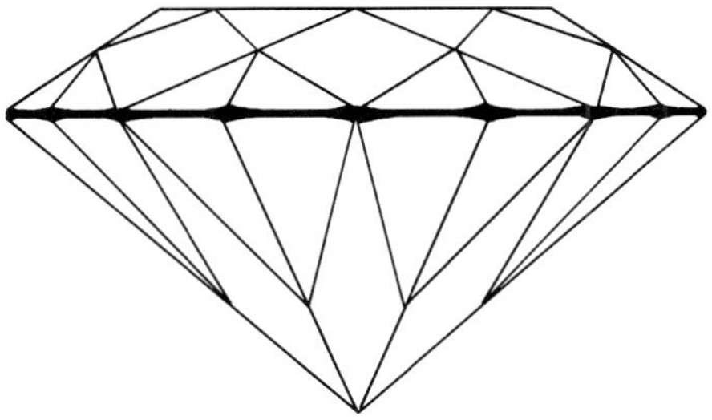

Sehr schmale Rundiste

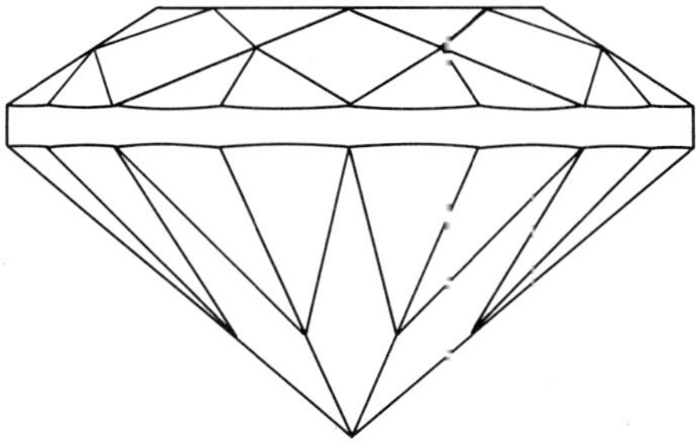

Starke Rundiste

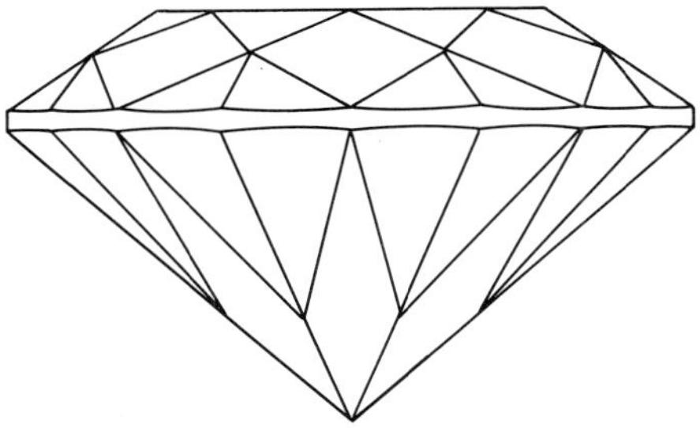

Schmale Rundiste

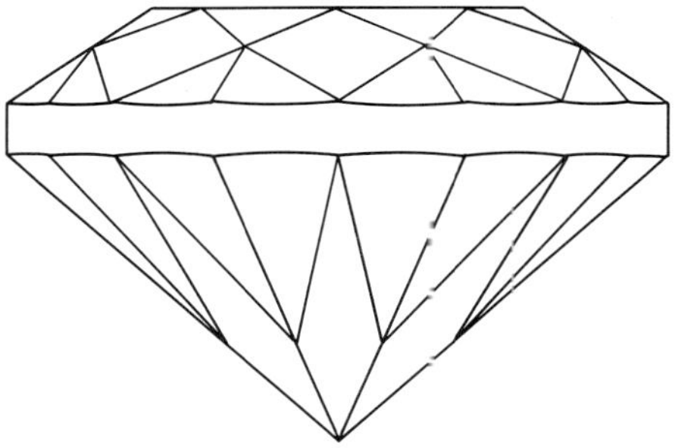

Sehr starke Rundiste

verschlechtern damit ungerechtfertigt den Farbeindruck ganz erheblich.

Häufig findet man bei Steinen, die genau oder ganz knapp über einem vollen Karat liegen, dicke Rundisten. Das ist auf rein kommerzielle Überlegungen zurückzuführen. Denn man nimmt lieber eine dicke Rundiste in Kauf, als den Stein mit einigen Punkten unter das volle Karat rutschen zu lassen. Ein Stein mit 0,99 ct. ist kaufmännisch schlechter kalkulierbar als ein nicht sehr feingemachter Stein mit einem vollen Karat. Kaufmännisch ist das also eine richtige Überlegung, aber dem Interessenten sollte man beim Kauf sagen, daß er hier einen ›auf Gewicht‹ geschliffenen Stein erwirbt, und vor allem sollte der Preis mit einem Abschlag diesem Minus Rechnung tragen. Denn dann profitiert auch der Käufer von dieser kommerziellen Maßnahme.

Bei Überprüfung der Rundiste, die facettiert, poliert oder einfach rundiert sein kann, findet man gelegentlich schlecht gearbeitete Rundisten, die rauh und ›bärtig‹ sind. Diese kleinen Spaltrisse, die durch zu schnelles Rundieren auf der Schleifscheibe entstanden sind, lassen sich ohne erheblichen Gewichtsverlust nicht mehr beseitigen. Da sie die Brillanz mindern, fallen sie bei der Bewertung ins Gewicht.

Ein Stein mit starken Fransen, der sonst ohne innere Merkmale, also lupenrein wäre, kann dieser Fransen wegen in die Reinheitsstufen vvsi bis si eingestuft werden, je nachdem, wie gravierend diese Risse sind. Hierher gehören auch Kerben und Bruchstellen, Schlagfiguren und Kantenverletzungen.

Da der Diamant entlang der Oktaederflächen gut spaltbar ist, muß er gegen Druck und Schlag in acht genommen werden. Kerben sind oft treppenartige Einschnitte an der Rundiste, die häufig von Spannungsrissen umge-

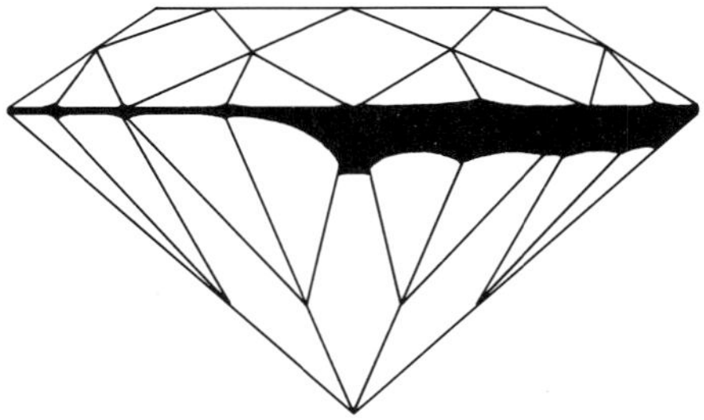

Stark unregelmäßige dicke Rundiste

Kerbe

Bruchstelle

Schlagfigur

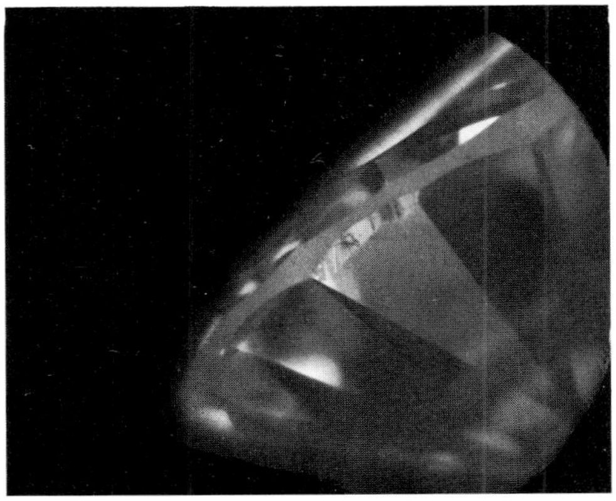

Natural unter der Rundiste

ben sind, da sie durch mechanische Beanspruchung oder Druck entstanden sind. Kantenverletzungen und Schlagfiguren sind ebenfalls durch Druck oder Schlag entstanden. Wenn die dadurch hervorgerufenen kleinen Rißchen oberflächlich bleiben, gelten sie noch als Schliffmerkmale, wenn sie sich in das Innere des Steines fortsetzen, gelten sie als Einschlüsse.

An der Rundiste zeigen sich auch die meisten anderen Schliffmerkmale.

Die sog. ›naturals‹ – oder natürliche Kristallflächen – haben, wenn sie nicht groß sind und nicht oberhalb der Rundiste liegen, bei der Schliffgraduierung kaum eine Bedeutung. Es handelt sich bei ihnen im allgemeinen um Oktaederflächen des Rohsteins, die infolge sehr sparsamen Schleifens übriggeblieben sind.

Wenn die ›naturals‹ die nur beim Diamanten vorkommenden Oberflächenmerkmale zeigen – kleine Dreiecke oder parallele Linienführungen –, weiß der Fachmann, daß er einen Diamanten vor sich hat. Nur der Diamant zeigt diese ›Trigonen‹.

Neben den ›naturals‹ sollten in den Gutachten auch die zusätzlichen Facetten, die

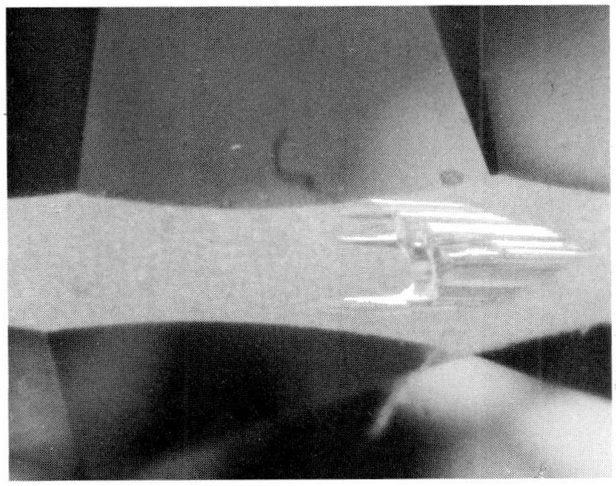

Natural auf der Rundiste

Zusätzliche Facette

KENNZEICHNUNG INNERER MERKMALE. ZEICHENFARBE: ROT

	Heller punktförmiger Einschluß
	Gruppe punktförmiger Einschlüsse
	Dunkler Einschluß
	Gruppe dunkler Einschlüsse
	Wolke kleinster heller Einschlüsse
	Heller Kristall
	Gruppe heller Kristalle
	Heller Kristall, von Spaltrissen umgeben
	Großer dunkler Einschluß
	Von einer Wolke umgebener dunkler oder farbiger Einschluß
	Kleiner Bruch-, Spalt- oder Spannungsriß
	Größerer Bruch-, Spalt- oder Spannungsriß
	Fransige Rundiste (kleine in das Innere des Steines vordringende Rißchen)
	Spaltriß an der Rundiste in Wolke
	Wachstumslinien oder Zwillingsnähte, hell
	Wachstumslinien oder Zwillingsnähte, dunkel

KENNZEICHNUNG ÄUSSERER MERKMALE. ZEICHENFARBE: GRÜN

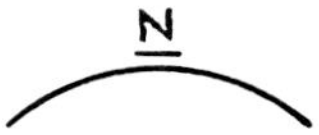	Kleines Natural
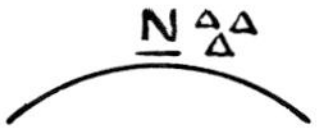	Größeres Natural mit Trigonen
	In die Rundiste einspringendes Natural
	Kerbe in der Rundiste
	Geringfügig rauhe Rundiste
	Bärtige Rundiste
	Gruppe kleinster Hohlstellen auf der Facettenoberfläche
	Größere Hohlstelle (Loch)
	Kratzer
	Politurstreifen
	Schlagfigur
	Wachstums- oder Zwillingslinie
	Rohe, nicht polierte Kalette
	Beschädigte Kalette oder Spitze
	Zusätzliche Facette

Zwillingslinien

Politurstreifen

meist unterhalb der Rundiste liegen, als Identitätsmerkmale angeführt und eingezeichnet werden. In der skandinavischen Nomenklatur werden für die Kennzeichnung von äußeren Merkmalen die Symbole auf S. 61 verwendet, die auch in Deutschland gebräuchlich sind.

Obwohl der Diamant das härteste Mineral dieser Erde ist, ist er doch nicht unverletzbar. Sie können mit ihm zwar im Notfall Ihr Fenster aufschneiden, aber versuchen Sie bitte nicht, seine Härte mit dem Hammer zu demonstrieren. Das gäbe einen bösen Reinfall. Auch als Schlagring eignet sich Ihr Liebling nicht. Wenn Sie ihn gegen harte Kanten schmettern, können Kerben oder Bruchstellen entstehen, die eine ganz erhebliche Wertminderung zur Folge haben. Behandeln Sie ihn deshalb zart und liebevoll. Was Sie aber gar nie tun sollten – und Damen, die den Familienkronschatz an die Luft führen, müßten darüber vorher vereidigt werden –, das ist, den Brillantring auf einer Toilette zum Händewaschen abzulegen. Es ist zwar absolut richtig, daß Ihr Stein durch Seife, Hautcremes und auch durch Hautabsonderungen jeden Tag ein bißchen an Brillanz verliert, aber wenn Sie ihn viel tragen, verdient er wohl auch jede Woche ein Bad am Samstagabend. Das kann ganz einfach mit Seife, heißem Wasser und einer kleinen Bürste geschehen. Sie können auch Kölnisch Wasser, Alkohol oder Spiritus benützen. Ein sparsamer Kunde von mir benützt sein Kukident – da er es sowieso kaufen muß –, und mit bestem Erfolg, wie er versichert. Wichtig ist, daß Sie mit der Bürste vor allem das Unterteil des Steines reinigen. Ein guter Goldschmied wird aus diesem Grund seine Fassung immer so arbeiten, daß dies möglich ist.

Was Sie nicht wegwaschen können in Ihrem Juwel sind Wachstums- und Zwillingslinien. Sie stören aber selten die Brillanz des Steines, ebensowenig Politurstreifen, die fast jeder geschliffene Stein aufweist.

Wenn die Prüfung unter dem Mikroskop beendet ist, nimmt man den Stein aus der Halterung, um seine Höhe und den Durchmesser zu messen. Dafür gibt es verschiedene Meßgeräte, von denen vor allem der *Leveridge* gebräuchlich ist. Bei ihm handelt es sich im Grunde um eine Diamanten-Schieblehre mit Zehntelmillimeterskala (Hundertstelmillimeter müssen geschätzt werden). Der IKA-Feintaster hat eine 100/mm-Skala, so daß hier nicht mehr geschätzt werden muß.

Der Stein wird für diese Messung des Durchmessers mit der Tafel nach unten in das Gerät gelegt. Der Durchmesser wird nun durch Drehen des Steines an wenigstens vier bis sechs Stellen abgelesen und in den Arbeitsbogen eingetragen. Danach wird der Stein hochkant eingespannt, um so seine Höhe ablesen und eintragen zu können.

Die letzte Vermessung gilt den prozentualen Proportionen des Ober- und Unterteils und der Rundiststärke des Steines. Das sind wichtige Daten, denn die oberen Rundistfacetten sind vor allem für das Farbenspiel verantwortlich, während die unteren Facetten schräg auftreffenden Lichtstrahlen den richtigen Weg weisen. Die unteren 8 Hauptfacetten bewirken die Totalreflexion des von oben durch die Tafel einfallenden Lichtes.

Neben der prozentualen Proportion sind auch die Winkel der Ober- und Unterteilfacetten maßgeblich an der Brillanzwirkung eines Steines beteiligt. Zu steile oder zu flache Winkel des Oberteiles mindern die optimale Brillanz eines Steines.

Das *Proportion-Scope* ist ein Gerät, das entwickelt wurde, um all diese wichtigen Maße in genauen Zahlenwerten ermitteln zu können.

Es ist im Grunde genommen nichts anderes als die grafische Darstellung eines idealen Brillanten mit Meßskalen auf einer Mattscheibe. Der Prüfling wird als Schattenbild auf diese Mattscheibe projiziert und an den Idealmaßen des Vorbildes gemessen. Auch ein blutiger Laie kann diese Vermessungen nach kurzer Einweisung vornehmen.

Die hier beschriebenen Messungen müssen nicht zwingend diese Reihenfolge haben. Sie ergibt sich aus dem Standort der einzelnen

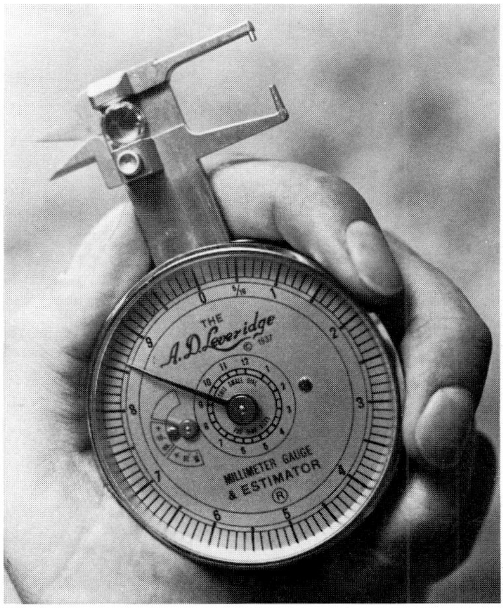

Leveridge

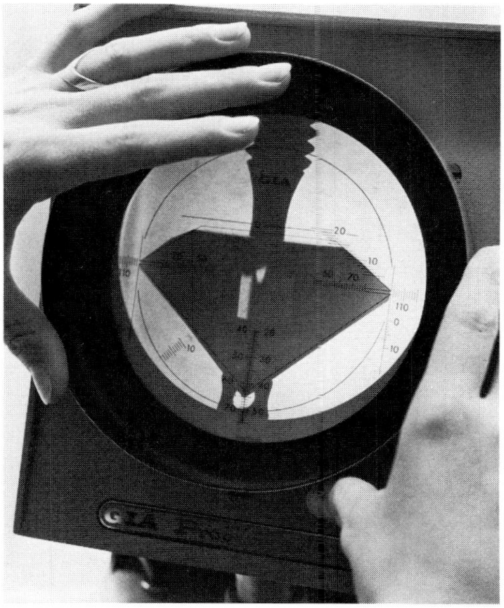

Proportion Scope

Geräte in einem Labor. Grundsätzlich gilt: Die Messungen sollten so rationell wie möglich ablaufen, damit ein Stein so wenig wie möglich aus dem Steinhalter genommen werden muß.

Wenn alle Meßdaten in der Arbeitsunterlage eingetragen sind, wird entschieden, welche Note dem Stein für die Schliffgüte erteilt werden kann: ›sehr gut‹, ›gut‹, ›mittel‹ oder ›gering‹. In der Tabelle auf Seite 56 können Sie die erlaubten Abweichungen nachlesen.

Abweichungen bis zu 5 % eines einzelnen Maßes können unbeachtet bleiben, wenn der Stein sonst makellos ist. Letztlich wird also der Gesamteindruck des Steines gewertet, und das ist auch richtig, wenn man bedenkt, daß erst die heutigen modernen Geräte eine so exakte Prüfung und Beurteilung ermöglichen. Bevor es das Proportion-Scope gab, konnten die Proportionen eines Steines lediglich visuell bestimmt werden.

Es ist überhaupt die Frage, ob es sinnvoll ist, die Prüfung des Diamanten durch den Einsatz all dieser Geräte so auf die Spitze zu treiben, daß man kaum mehr einen Stein findet, der die Bezeichnung ›Gem‹ verdient (Gem ist in der Fachsprache die Bezeichnung für einen absoluten Spitzenstein, der bei allen 4 C ein ›sehr gut‹ erhält).

Daß durch diese relativ neuen Möglichkeiten auch die Preise dieser wenigen Raritäten ins Uferlose gestiegen sind, stellt diese Prüfmethoden durch Geräte bis zu einem gewissen Grade wieder in Frage. Denn diese Spitzfindigkeiten mit Hundertstel von Millimetern sind für die Schönheit eines Steines von überhaupt keiner Bedeutung. Und ob diese, nur in einem voll ausgerüsteten Diamantlabor nachvollziehbaren Maßstäbe immer beim Wiederverkauf von einem Laien-Käufer honoriert werden, ist außerdem sehr fraglich.

Solange aber keine Einigkeit für ein neues und sinnvolleres Graduiersystem weltweit gefunden und akzeptiert wird, bleibt einem Gutachter im Hinblick auf seinen Kunden nur übrig, ein grenzenloser Griffelspitzer zu sein und im wahrsten Sinne des Wortes mit Argusaugen den glitzernden Prüfling zu durchforschen.

Das heißt, daß man ein Edelstein-Labor bevorzugen sollte, das nach den heute strengsten Kriterien arbeitet, also nach der amerikanischen Graduiermethode des Gemological Institute of America (GIA).

Und damit komme ich zum letzten der vier großen C, das am einfachsten zu erklären ist, da es keinerlei Ermessensspielraum zuläßt, mit einer gut geeichten Waage. Es ist das

Carat = Gewicht

Hier gibt es keine Ermessensfragen, hier gilt nur die gut geeichte Waage.

International festgelegte Gewichtseinheit für den hochwertigen Edelstein ist das *Carat*. Es ist das indische Wort für den Samen des Johannisbrotbaumes (in uralter Zeit – in Indien wurden ja die ersten Diamanten gefunden – wog man damit die wertvollen Steinchen). Zu Anfang unseres Jahrhunderts wurde dieses Maß dem Dezimalsystem angeglichen, und heute entspricht ein Carat 0,2 oder $^1/_5$ Gramm.

Ein Fünfcaräter wiegt also nur 1 Gramm, während sein Wert heute, 1980, mehr als 500 000 DM betragen kann, wenn er zu den ganz feinen seiner Familie zählt. Ein Zehncaräter aus der gleichen Familie überschreitet die Million, und wo er haltmachen wird, weiß man nicht so genau. Wenn es also

Elektrische Karatwaage

darum ginge, wie man den Wert einer Million am besten verschlucken könnte, würde der Zehnkaräter alles schlagen, denn Gold oder auch ein Luxusbunker in diesem Wert würden einem erheblich im Halse steckenbleiben.

Ein Karat wird in Fachkreisen in Punkte unterteilt, wenn es um kleine und kleinste Brillanten geht. Ein ›Einpunkter‹ hat also 0,01 ct. und ein sog. ›Zehner‹ hat 0,10 ct. Die immer wieder von wenig bewanderten Journalisten als ›Splitter‹ bezeichneten Kleinbrillanten gibt es überhaupt nicht. Auch kleinste Diamanten werden im 56-Facetten-Schliff oder als Achtkant-Diamanten geschliffen. Die sog. ›Rosen‹, Steine mit einigen ungleichmäßigen Facetten, finden sich noch in antiken Schmuckstücken, sie stammen aus den Anfängen der Schleifkunst und sind längst nicht mehr gebräuchlich. Sehr sorgfältige Fachleute bezeichnen das Gewicht eines Diamanten bis zur dritten Dezimale, d. h. bis zu einem tausendstel Carat.

Es ist erlaubt, einen Stein mit $0{,}99^{9}$ ct. auf 1,00 Carat aufzurunden.

Eine *Carat-Waage* ist ein hochempfindliches Gerät, sie wiegt bis zu einem tausendstel Carat genau, also bis zu einem fünftausendstel Gramm. Wer bei Benutzung der Waage auch nur die Oberfläche des Tisches belastet, auf dem sie steht, wird sichtbare Ausschläge feststellen. Sie muß während der Arbeit immer wieder neu justiert werden, weil sie sich nach längerem Wiegen von selbst verstellt. Sogar Temperaturschwankungen und Straßenerschütterungen können dieses heikle Instrument beeinflussen. Die genauesten Waagen sind die *Balkenwaagen*. Sie sind als Edelsteinwaagen am gebräuchlichsten.

Mit dem Festlegen des letzten großen C endet das Graduieren eines Diamanten. Wie eine ausführliche Expertise aussehen kann, die gleichzeitig den Stein ein für allemal festlegt und identifizierbar macht, zeigt die Expertise auf dem untenstehenden Bild.

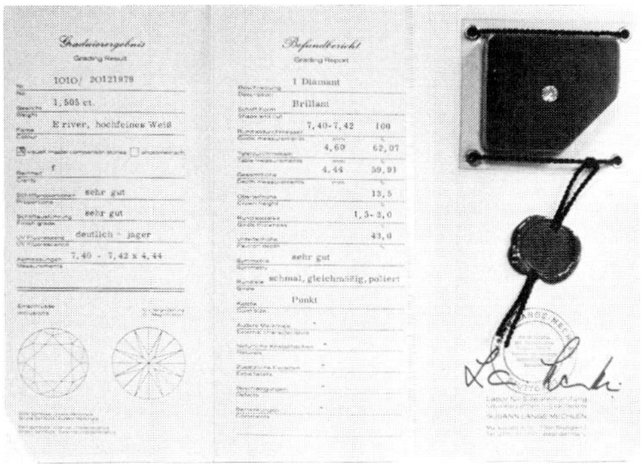

Expertise

Bei der Überlegung, ob Steine mit Altschliff auf den modernen Feinschliff umgeschliffen werden sollen, lautet die erste Frage, die zu stellen ist: Welches Gewicht hat der Stein und wie fein ist er? Da er durch Umschleifen immer einen Gewichtsverlust erleidet und kleiner wird, sollte man ihn dieser Prozedur nur dann unterziehen, wenn er dadurch an Wert gewinnt. Ein erfahrener Schleifer kann recht genau bestimmen, wieviel Gewicht etwa dem Stein verbleiben wird. Er kann auch beurteilen, ob innere Merkmale, die nahe der Oberfläche sitzen, dabei entfernt werden können. Wenn durch Umschleifen eines Piqué-Steines im Altschliff ein lupenreiner Stein gewonnen werden kann, würde sich trotz Gewichtsverlust der Wert des Steines ganz erheblich erhöhen, und damit wäre diese Maßnahme empfehlenswert.

Die Erfahrung zeigt leider, daß Steine aus Erbstücken für diese ›Operation‹ selten fein und groß genug sind. Sollten Sie aber einen blau-weißen Zweikaräter im Altschliff von Tante Clementine geerbt haben, dann nichts wie los – es lohnt sich!

Nicht nur bei Erbstücken zeigt sich, daß nicht immer alles Gold ist, was glänzt. Liebhaber des ›preiswerten Kaufes‹ im Ausland seien gewarnt. Ohne Sachkenntnis und ohne die Möglichkeit zur Echtheitsprüfung sollte man sich nicht in solche Abenteuer einlassen. Je weiter entfernt das Land ist, aus dem der Besucher kommt, desto mehr wächst die Gewißheit des Verkäufers, den Touristen nie mehr wiederzusehen, und deshalb – o Jubel – kann man ihm schier alles verkaufen, was so aussieht, als wäre es fein und echt. Lassen Sie die Finger von solchen ›Gelegenheiten‹ und kaufen Sie andere schöne, bezaubernde Dinge, einfach weil sie hübsch und eigenartig sind. Versuchen Sie nicht, hochwertige Steine zu erwischen, denn – wen es erwischt, das sind Sie! Als vereidigter Sachverständiger habe ich nach Prüfung solcher ›Bestkäufe‹ schon viele lange Gesichter gesehen. Dann ist es besser, eine der guten Nachahmungen zu erwerben, die einen nicht enttäuschen können. Erstaunlicher- und erfreulicherweise machen die Menschen von diesen Imitationen wenig Gebrauch, obwohl manche nur durch einen geübten Fachmann als Imitationen zu erkennen sind.

Hierher gehört auch ein Wort zu den Diamantsynthesen, denn natürlich hat der Mensch versucht, die Natur nachzuahmen. General Electric ist es 1955 gelungen, den *synthetischen Diamanten* herzustellen, und zwar vor allem für die in der Industrie so viel verwendete Körnung, so heißt das Diamantpulver in der Fachsprache.

Große Steine, bis auf einige wenige Labor-Versuchssteine, die um ein Vielfaches mehr als der natürliche Stein kosten, hat man bis heute nicht synthetisch herstellen können. Sollte es je gelingen, wird der Preis vermutlich so hoch liegen, daß es kaufmännisch gesehen nichts bringen würde.

Es gibt als Ersatzstoffe für den Diamanten echte Steine, die ihm zwar ähneln, aber seinen Härtegrad bei weitem nicht erreichen. Als Imitation werden vor allem der *weiße Saphir*, der *synthetische Spinell* und der *Zirkon* verwendet. Der Zirkon kommt mit seinem hohen Brechungsindex dem Diamanten am nächsten. Er ist leicht zu identifizieren, da er im Gegensatz zum Diamanten eine Doppelbrechung aufweist.

Interessante Imitationen sind auch die vom Menschen gebastelten Ersatzstoffe, deren Eigenschaften die folgende tabellarische Übersicht kennzeichnet:

DIAMANT-ERSATZ

Produkt	Lichtbrechung	Doppelbrechung	Dispersion	Spezifisches Gewicht	Härte	Erkennungsmerkmale	Unterscheidungsmöglichkeiten
Diamant	2,417	oft anomal	0,044	3,52 — 3,53	10	Hohe Dispersion. Starker Glanz. Körnige oder mattseidene Rundiste, evtl. typische ›naturals‹. Keine Oberflächenkratzer, keine beschädigten Kanten. Sehr gute Politur.	Diamant
Fabulit Strontium-Titanat (künstl. Produkt)	2,409	—	0,190	5,13	5—6	Unter allen Imitationen ist dieser Ersatz dem Diamanten am ähnlichsten. Er ist leicht zu erkennen durch sein höheres spezifisches Gewicht und, da er ungleich viel weicher ist, verlieren seine Facetten durch Abnutzung auf die Dauer ihre Schärfe. Auffällig starke Dispersion. Einschlüsse — Gasblasen.	Schwere Lösungen. Hohes spezifisches Gewicht. Beide Steine sinken rasch in Flüssigkeit mit SG = 3,53
YAG (künstl. Produkt) Yttrium-aluminat	1,835	schwach anomal	0,028	4,55 bis 4,65	8¼	Geringere Dispersion. Hohes spezifisches Gewicht. Einschlüsse — kleine Gasblasen.	
Synthetischer Rutil	2,62 — 2,90	0,287	0,330	4,25	6½-7	Auffällig starke Dispersion. Schwach gelbliche Farbe. Kantenverdoppelung infolge hoher Lichtbrechung. Hohes spezifisches Gewicht. Politurkratzer, beschädigte Kanten.	Lupe + Polariskop. Doppelbrechung mit auffälliger Kantenverdoppelung
Zirkon	1,92 — 1,98	0,059	0,038	4,70	7½	Deutliche Kantenverdoppelung infolge hoher Lichtbrechung. Hohes spezifisches Gewicht. Politurkratzer, Kantenbeschädigungen. Einschlüsse — Mineraleinschlüsse.	

SYNTHESEN UND IMITATIONEN

Produkt	Lichtbrechung	Doppelbrechung	Dispersion	Spezifisches Gewicht	Härte	Erkennungsmerkmale	Unterscheidungsmöglichkeiten
Saphir	1,76 — 1,77	0,008	0,018	4,00	9	GeringeKantenverdoppelung.Mittlerer Glanz infolge niedrigerer Lichtbrechung. Geringe Dispersion. Einschlüsse = Flüssigkeitsfahnen, Mineraleinschlüsse.	Refraktometer Ablesung der Brechungsindices
Saphir synthetisch	1,76 — 1,77	0,008	0,018	4,00	9	GeringeKantenverdoppelung,mittlerer Glanz infolge niedrigerer Lichtbrechung. Geringe Dispersion.	
Spinell synthetisch	1,73	anomal	0,020	3,65	8	Geringe Dispersion. Typische anomale Doppelbrechung. Geringer Glanz. Einschlüsse = Gasblasen.	
Glas	1,48 — 1,70	—	0 bis 0,049	2,30 bis 5,00	5-6½	Schwacher Glanz. Beschädigte Facettenkanten, Politurkratzer. Oft gewölbte Facettenkanten. Einschlüsse = Gasblasen.	
Topas	1,61 — 1,62	0,008	0,014	3,53	8	Mittlerer Glanz, geringe Dispersion, geringe Kantenverdoppelung. Einschlüsse = Flüssigkeitsfahnen.	
Beryll	1,57 — 1,58	0,006	0,014	2,72	7½-8	Geringer Glanz, geringe Dispersion. Einschlüsse = Zwischenphaseneinschlüsse.	

Zahlreiche Handelsnamen, die für die Diamantimitationen in den USA verwendet werden, sind in Deutschland und den meisten anderen Ländern nicht erlaubt, da hier aus jeder Bezeichnung genau hervorgehen muß, um was es sich exakt handelt, sei es bei einer Phantasiebenennung, sei es bei einer Synthese.

Wichtig scheint mir hier noch die Feststellung, daß der synthetische Diamant ganz einwandfrei vom echten Stein zu unterscheiden ist. Selbst wenn es gelingen sollte, die heute noch riesigen Kosten auf ein konkurrenzfähiges Maß herunterzubringen, zeigt die Erfahrung mit synthetischen Farbedelsteinen eindeutig, daß die Angst vor einem Preisverfall unbegründet ist.

Smaragde und Rubine, die synthetisch schöner und in gewünschten Größen hergestellt werden können, haben den echten Steinen nichts anhaben können.

Diese Tatsache erlaubt einen beruhigenden Rückschluß auf die wohl noch in weiter Zukunft liegende Möglichkeit, die Glitzeriche in der Retorte fabrizieren zu lassen, um sie dann für Pfennige unters Volk streuen zu können. Das klappt nicht. Auch das Volk will echte Werte.

Lassen Sie mich am Ende dieser Anleitung zum ›Diamantprofi‹ nochmals sagen: Es ist sicher schon Wissenschaftlicheres und Tiefgründigeres zum Thema geschrieben worden, aber ich wollte es Ihnen leicht verständlich bringen. In einer gestrafften Zusammenfassung der wichtigsten Fakten und in der ganz normalen Umgangssprache.

Für den folgenden Teil, verehrte Freunde, halte ich mich allerdings für sehr kompetent, wenn auch meine Meinung, wie und warum Edelsteine eine empfehlenswerte Anlage sind, bei weitem nicht den weltweit postulierten Ansichten gleicht, die ich nur bis zu einem gewissen Grade teile.

Aber machen Sie sich bitte selbst ein Bild, ob vernünftig klingt, was ich zu sagen habe.

VI. SIND EDELSTEINE EINE SACHWERTANLAGE?

Das ist eine Frage, die nicht einfach mit einem lakonischen ›Ja‹ zu beantworten ist. Es gibt eine Menge ›wenn‹ und ›aber‹, und ich werde den Kernpunkt schrittweise einkreisen, damit Sie am Ende wirklich wissen, ob, warum und wie Edelsteine unter die empfehlenswerten Sachwertanlagen eingereiht werden können.

›Diamanten, die sicherste Kapitalanlage der Welt‹ – nein, so geht das nicht. Das Wort ›Kapitalanlage‹ ist beim Edelstein überhaupt mit Vorsicht zu gebrauchen, richtiger und besser ist: ›Diamanten als Absicherung von Geldwerten, als transportabler, anonymer, international beliebter, höchster Wert auf kleinstem Raum.‹

Und hier sind wir schon mitten im Thema. Wie sicher ist unser Geld? Sehr sicher? Nicht so sicher? Sicher ist, daß wir nicht sicher sind, wie sicher es ist. Immerhin hat es den bedenklichen Hang zur Schwindsucht. In den letzten Jahren konnte man geradezu sehen, wie es an Gewicht verlor, und auch die heutigen 6 % sind mehr, als Sie mit einem Sparbuch erwirtschaften können, Steuern dabei ganz vergessen.

Daß wir ernstlich befürchten müssen, wieder einmal dazustehen wie 1948, im Hemd, in jeder Hand einen Zwanzigmarkschein, das ist, glaube ich, aus den Alpträumen über die Zukunft weitgehend auszuklammern. Obwohl es durchaus auch heute Methoden gibt, einen sehr ähnlichen Effekt zu erreichen.

Fest steht, wir kennen die ultima ratio des Staates nicht, wie das eines Tages enden soll, wenn der öffentliche Schuldenberg weiter in diesem Umfang wächst.

Auch wenn wir an Zeiten denken, in denen der Kaufkraftschwund, also die Geldentwertungsrate, in Deutschland 8 und mehr Prozent betrug, gar nicht zu reden von Ländern, in denen sie über 30 % heute liegt, dann wird man unruhig und nachdenklich.

Sicherlich muß man zugeben, daß bei der Frage, wie man es besser machen könnte, gute Antworten sehr schwierig sind. Seit der Energiekrise ist die Unsicherheit sehr groß geworden und hat eine nur unterschwellig erklärbare Sparwelle ausgelöst. Ein ganzes Volk spart! Und wie wir sparen! Im Jahre 1975 schwappte das Geld bei den Banken über. Sparsumme: 110 Milliarden (1974 Sparsumme: 95 Milliarden). Und dadurch passiert nun etwas ganz Merkwürdiges, ja Paradoxes: Eine Instinkthandlung, die normalerweise richtig ist, ist jetzt falsch oder besser gesagt, führt jetzt zu sehr unangenehmen Auswirkungen. Denn wenn nur die Hälfte des Geldes, das die lieben Deutschen im Jahre 1975 *mehr* gespart haben, geschockt von hohen Arbeitslosenzahlen und Pleiten en masse, in den Konsum gegangen wäre, hätten wir mit Sicherheit nicht eine so gravierende Rezession uns selbst gebastelt.

Die Unternehmer hätten weiter investiert, was sie bei der Unlust des Konsumenten, zu konsumieren, natürlich unterlassen haben. Wollen wir sie deshalb schelten? Sie tun genau das gleiche wie wir, sie sparen, und damit bin ich bei dem eigentlichen Problem angelangt, mit dem wir uns heute so hoffnungslos herumschlagen; es ist das Problem der Massengesellschaft, die in den Teufelskreis von ständig steigender Produktion und – dadurch notwendig werdendem – ständig steigendem Konsum eingespannt ist. Wie man dieses Problem lösen kann, wissen anscheinend weder Nationalökonomen, noch die Regierungen.

Eins ist gewiß: so einfach wie vor hundert Jahren ist es heute nicht mehr, ein Vermögen für ein angenehmes Alter zu erhalten. Auf Grund und Boden allein zu setzen, scheint waghalsig, denn die Erdbevölkerung wächst und wächst, aber der Globus denkt nicht daran, mitzuwachsen. Da kann man sich den Tag ausrechnen, an dem es keinen Baugrund mehr zu kaufen gibt, wo er zugeteilt, das heißt also verwaltet wird. Es scheint mir deshalb nicht sinnvoll, zu sehr auf Bodenspekulationen zu setzen. Zumindest nicht auf lange Sicht.

Immobilien zeigen schon heute ihre kritischen Kehrseiten, und da mögen noch einige Unwägbarkeiten hinzukommen. Denn es ist sehr wohl denkbar, daß glücklichen Besitzern von Zweit-, Dritt- und Mehr-Eigentumswohnungen oder Geschäftshäusern, eines Tages hier sehr spürbare Besteuerungen das Glück schnöde beschneiden könnten, z. B. durch einkommensteuerpflichtige Wertzuwachsbesteuerung, auch wenn nicht realisiert, d. h. wenn nicht verkauft wird.

Aktien haben die unangenehme Eigenschaft, immer dann zu fallen, wenn man sie gekauft hat und zu steigen, wenn man sie verkauft hat. Sich mit ihnen zu beschäftigen, ist ein aufreibendes Lotteriespiel. Da man nicht mit am Schaltpult sitzt, wo die Drähte gezogen werden, sollte man sich lieber mit bescheidenen Einsätzen begnügen. Wenn Sie spekulieren wollen, müssen Sie zu den Großen gehören, die mit dicken Paketen, die sie kaufen und verkaufen, Kurse beeinflussen können. Oder Sie müssen ein Mordsglück haben und jeweils rechtzeitig ein- und aussteigen. Ich sollte hinzufügen, daß ich Aktienbesitz in seriösen guten Papieren für richtig halte und unter der Berücksichtigung einer sinnvollen Streuung für empfehlenswert.

Ohne Frage ist bei der Vermögensanlage die Liquidität ein wichtiger Punkt. Das sind etliche Unternehmer leidvoll und zu spät gewahr geworden, als die Rezession uns voll erwischt hatte. Dazu kommt außerdem die chronische Unterkapitalisierung fast aller Betriebe in

INFLATIONSINDIKATOR DIAMANT

Alle Beträge ohne Mehrwertsteuer. Das Preisbeispiel gilt für einen eincarätigen Brillanten in der Qualität river, lupenrein, sehr guter Schliff.

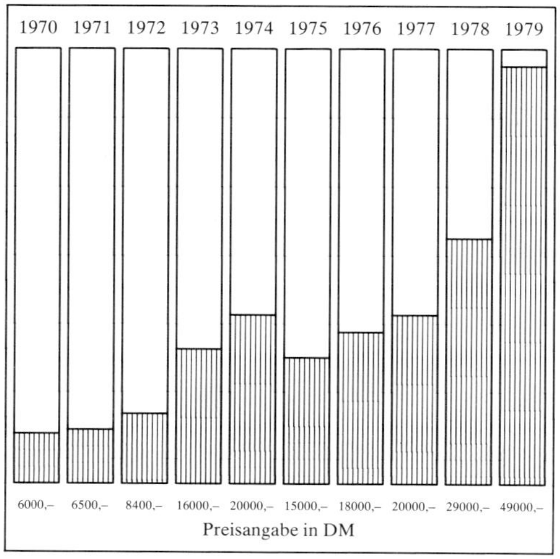

Preisentwicklung 1970–1979
Preisangaben: Gold = 1 kg, Silber = 1 kg, Diamant = 1 ct., E river, lupenrein, sehr guter Schliff.

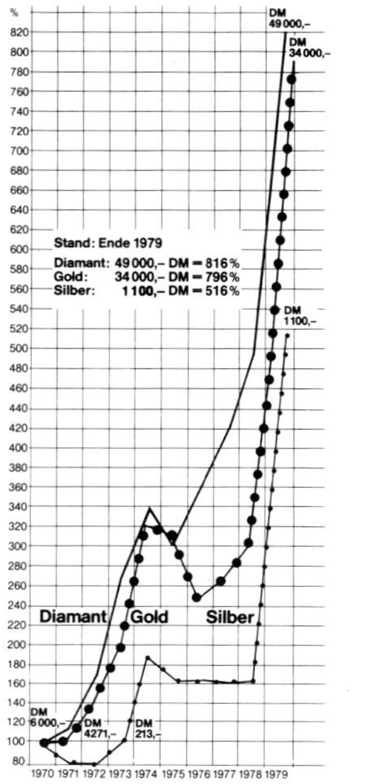

Deutschland, durch eine Steuerpolitik, die das Ansammeln eines Liquiditätspolsters nicht mehr zuläßt. Für die Höhe der Liquidität gibt es keine generelle Regel. Ein Arzt, dessen Wissen oder Hände sein wichtigstes Betriebskapital sind, wird weniger Liquidität benötigen als ein Unternehmer, der vielleicht von heute auf morgen eine neue Maschine kaufen muß, um konkurrenzfähig zu bleiben.

Um sicher zu sein – soweit das heute überhaupt möglich ist –, bleibt nur eine breite Streuung der unterschiedlichsten Vermögenswerte übrig. Dazu gehört gute Kunst ebenso wie Briefmarken, Antiquitäten, altes Porzellan, Zinn und nicht zuletzt der Edelstein.

Denn eines hat der Edelstein, und vor allem der Diamant, allen anderen Sachwerten voraus: seine internationale Beliebtheit und seine Transportabilität. Diese internationale Beliebtheit ist der wichtigste Grund, warum er beim Erwerb als Wertsicherung, vor Smaragd, Rubin und Saphir zu setzen ist. Um es an einem Beispiel ganz deutlich zu machen: Wenn Sie einen Diamant, einen Smaragd, einen Rubin und einen Saphir besitzen und diese vier Edelsteine hundert Käufern zur Wahl anbieten, dann werden 90 dieser Edelsteinliebhaber spontan den Diamanten wählen, und es kann Ihnen durchaus passieren, daß sich die restlichen 10 um den Rubin oder den Smaragd streiten, je nachdem, was sie für Liebhaber erwischt haben. Das heißt also, daß sich der Beliebtheitsgrad des hochwertigen Farbsteines durch drei teilt, was ein Nachteil ist, wenn man z. B. nur Rubine gesammelt hätte, beim Veräußern aber an einen Smaragdliebhaber gerät.

Ein weiterer wichtiger Grund, warum der *Diamant* sich von allen Edelsteinen am besten zur Anlage eignet, ist die Möglichkeit der genauen Qualitätsbestimmung, die allein zu einer Preisfindung führen kann. Wir haben eine recht exakte Diamanten-Nomenklatur mit eindeutigen, weltweit fast gleichen Richtlinien. Und so langsam werden die Gutachten hier in Deutschland immer eindeutiger, was sicherlich einigen wenigen sehr kritischen Vorkämpfern zu verdanken ist. Wenn es noch gelingt, bei der Farbgraduierung die weit exaktere Bestimmbarkeit der einzelnen Bereiche in den Farbstufen river und top wesselton aus den USA zu übernehmen, dann wäre auch die Preisbestimmbarkeit ganz sauber abgesteckt.

Bei Farbsteinen dagegen gibt es keine einheitlichen Richtlinien. Vor Fälschungen muß ganz eindringlich gewarnt werden. Ich glaube allerdings nicht, daß gute Juweliere oder Edelsteinhändler große Farbsteine – mögen sie auch noch so echt aussehen – heute noch ohne ein Echtheitsattest erwerben oder weitergeben. Da Fälschungen täuschend ähnlich sein können, sollte man die kleine Mühe, sich das Attest eines Farbsteinlabors zu beschaffen, nicht scheuen. Zumal es wenig kostet.

Die hervorragenden Nachahmungen, vor allem der teuren Farbsteine wie Smaragd und Rubin, haben schon manchen guten Fachmann, der ohne Überprüfung auf Geräten gekauft hat, in eine böse Klemme gebracht. Ich rate jedem Käufer, Farbsteine ab 1 Karat nur mit Echtheitszertifikat eines guten Farbsteinlabors zu kaufen. Sicher ist der Juwelier oder Edelsteinhändler seriös, *aber er* selbst kann schon betrogen worden sein, ohne es zu wissen.

Trotz der aufgezählten negativen Punkte ist der feine Farbedelstein – richtig gekauft – ein Objekt von hohem Seltenheitswert und gehört auf jede Edelsteinpalette. Überdies: Rubine, Smaragde und feine Saphire werden lange vor dem Diamanten zu Ende gehen. In feinen Qualitäten sind sie eine Rarität und schon deshalb für ein Edelstein-Investment sehr empfehlenswert. Denn eine einfache Weisheit sagt, daß alles, was rar und beliebt ist, Käufer findet und damit auch im Wert wachsen muß.

Zusammengefaßt lautet die Empfehlung: Farbedelsteine, und zwar nicht nur Smaragde oder Rubine oder Saphire, sondern alle drei Edelsteinarten, in feiner Qualität – mit Echtheitszertifikat – ja. Große Spitzensteine (5 und mehr Karat), die heute schon bittere Preise kosten, nur dann, wenn daneben auch der ›verkäufliche‹ Stein im Sortiment ist, der nicht nur auf einer Auktion bei Christies oder Sotheby in London den paar Superreichen dieser Welt angeboten werden kann. Für den Wiederverkauf sollte man an den viel größeren Käuferkreis denken, der weit eher unter dem ›gehobenen Normalverbraucher‹ zu finden sein wird.

Beim gesamten Edelstein-Investment lautet die Empfehlung daher: 80 % Diamanten, 20 % Farbedelsteine.

Der restliche Teil der Ausführungen gehört dieser Gewichtung wegen dem *Diamanten*, dem König unter den Edelsteinen. Auch wenn diese Formulierung keine Neuschöpfung von mir ist, sie ist so gültig wie eh und je.

Mir ist dieses Kapitel sehr wichtig, weil ich einige alte Postulate unter die Lupe nehmen werde, die es nötig haben, neu überdacht und mit anderen Wertungen versehen zu werden. Beginnen wir damit, daß alle Welt zu wissen glaubt,

der lupenreine Einkaräter

sei die beste Anlagegröße überhaupt. Diese Aussage ist aber viel zu unvollständig, um überhaupt eine Aussage zu sein, denn die Lupenreinheit ist absolut nicht ausreichend für die Bezeichnung eines feinen Einkaräters. Das Postulat müßte also zumindest dahin ergänzt werden, daß die Empfehlung *richtig* heißen müßte:

Ein lupenreiner Einkaräter in *hoher Farbe*, mit guten Proportionen und feiner Schliffausführung ist die beste Anlagegröße überhaupt. So formuliert bin ich – mit Vorbehalten – einverstanden.

Denn diese Steine sind rar, vom Preis her aber immer noch für einen großen Käuferkreis erschwinglich, und damit haben sie auch eine gute Wiederverkaufsmöglichkeit. Das ist der Grund, warum sie in jedem Edelstein-Investment an die erste Stelle gehören. Wenn Verkäufe in geldknappen Zeiten, also während einer Rezession, nötig werden, sind sie besser verkäuflich als große, überproportional teure Steine, die dann schwer abzusetzen sind, wenn überhaupt.

Meine Empfehlung lautet:

Wählen Sie einen solchen feinen Karäter als erste Steingröße und Steinqualität, wenn Sie beginnen, ein Edelstein-Investment aufzubauen.

Sie sollten diese Qualität und Größe jeder anderen vorziehen, wenn Sie wissen, daß dies der einzige Edelstein ist, den Sie in Ihrem Leben als Sachwert-Investment erwerben werden. Denn in diesem Falle ist es bei Veräußerungszwang eine Größe und Qualität, die weltweit am problemlosesten zu verkaufen ist.

Ein feiner, teurer Stein, und nicht nur der Einkaräter, sondern auch große Steine werden Ihnen Gewinn bringen, wenn Sie sie zu einem Zeitpunkt veräußern, wo Sachwerte wegen hoher Inflationsraten gesucht sind. Diese weltweit empfohlene feine und teure Qualität ist aber keinerlei Versicherung dafür, daß Ihnen *immer* und *in jedem* Falle der volle Wert honoriert wird. In einer Zeit, wo Geld knapp oder sogar sehr knapp ist, läßt sich kein Sachwert leicht und gewinnbringend verkaufen, es sei denn, er ist lange genug in Ihrem Besitz.

Sollten Sie daraus folgern, daß ein Diamant dann eben doch keine Anlage sei, weil man ihn in ›Notzeiten‹ (und damit können dann nur geldknappe Zeiten gemeint sein) nicht oder nur zu schlechten Preisen veräußern könne, dann sind Sie auf dem Holzweg. Das würde nämlich heißen, daß ein kluger Verwalter und Vermehrer seines Geldes seine Vorsorgemaßnahmen nur in Richtung *einer* möglichen Marktsituation treffen würde. Dieser Schluß ist zu kurzsichtig, um richtig zu sein. Ein wirklicher Berater, mit dem Sie diese Anlageform besprechen, wird Ihnen sagen, daß bei einer gut gestreuten Vermögensplanung die *letzten* 5–10 % dem Edelstein gehören.

Das heißt: Wenn ein vernünftiger Vermögensstock vorhanden ist, dann soll man diese Abrundung vornehmen zur Absicherung der sehr unangenehmen Situation, in die die Menschen immer wieder geraten sind, und dazu brauchen Sie in Ihrem Geschichtsbuch nicht allzuweit zurückblättern.

Weil niemand genau weiß, womit wir in der Zukunft noch zurechtzukommen haben, muß eine Vermögenspalette heute so bunt sein wie ein italienischer Salatteller. Dann können Sie nämlich im Falle X das Radieschen, im Falle Y aber die Tomate oder den Rettich anbieten. Irgend etwas ist von irgend jemand immer gefragt. Und es gibt immer eine Schicht, die oben schwimmt. Ich möchte mich gleich hier prophylaktisch gegen den eventuellen

Vorwurf der Panikmache wehren. Eine Planung ist dann gut, wenn sie *auch* Extremfälle mit einkalkuliert, und zwar mit Geldern, von denen mit großer Wahrscheinlichkeit sicher ist, daß sie nicht kurzfristig gebraucht werden.

Wenn der Diamant wie das Gold einen international festgelegten Kurs hätte und an Banken gehandelt würde, dann wäre die Empfehlung, mit welchem Prozentsatz er zu berücksichtigen wäre, erheblich höher als 10 %. Der Diamant wird aber nie den Platz des Goldes einnehmen können, weil es nicht möglich ist, ihn preislich so genau festzulegen. Dazu ist die Varietät der Qualitäten, in denen er vorkommt, viel zu groß. Gold läßt sich legieren in unterschiedliche, aber genau meßbare Feingehalte. Mit einem international festgelegten Kurs gibt es dadurch keine Preisdiskussionen. Gold ist aber in Krisenzeiten immer wieder von Regierungsseite her aus dem Verkehr gezogen worden, wie 1914/18, zum Teil unter Androhung der Todesstrafe, wie 1939 im Dritten Reich. Außerdem ist sein ›Transportproblem‹ erheblich. Denn ein Sack Goldstücke, den man dann brauchen würde, um interessante Werte mitnehmen oder im eigenen Lande als Tauschhandelsgut verwerten zu können, ist im wahrsten Sinne des Wortes zu unhandlich, um gefahrlos genutzt werden zu können. Der Diamant mit seinem hochkonzentrierten Wert auf kleinstem Raum bringt hier eminente Vorteile. Ein Beispiel mag das zeigen:
5 Kilo Gold haben heute, 1980, den Wert von ca. 140 000 DM.
3 Spitzen-Eincaräter (ri E-if-sehr gut) wiegen wenig mehr als ein halbes Gramm und erbringen 1980 den Wert von ca. 180 000 DM.

Was leichter mitnehmbar und anonymer zu besitzen ist, liegt auf der Hand. Bei Gold ist auch zu fragen, ob es immer die Leitwährung dieser Welt bleiben wird.

Doch zurück zum Aufbau eines Edelstein-Investments! Ich war beim feinen Einkaräter stehengeblieben, den ich einem Anleger immer empfehlen würde, wenn seine Anlage nur aus *einem* Stein besteht. Gehen wir bei der nächsten Empfehlung aber davon aus, daß der Anleger eine größere Summe investieren will, sei es auf einmal oder über einen längeren Zeitraum verteilt.

Eine Annehmlichkeit bei diesem Investment ist es ja, daß man nicht auf einmal einen großen Betrag hinlegen muß, sondern sozusagen auf Raten vorgehen kann. Jahr für Jahr ein Steinchen, das ergibt nach einiger Zeit einen hübschen kleinen Kronschatz. Das Finanzamt möge mir den Hinweis verzeihen, daß es sich dabei meist um einen anonymen Notgroschen handelt, weil kein Händler den Anleger und *Barzahler* zwingen kann, ihm Namen und Adresse mitzuteilen.

Für einen Anleger, dessen 10%iger Vermögensanteil eine *größere* Summe ausmacht, die z. B. den Erwerb von fünf Spitzenkarätern erlauben würde, sieht meine Empfehlung schon anders aus: Zu einem Spitzenkaräter gehört ein weiterer Karäter, der zwar für das Auge Spitzenqualität repräsentiert, aber wegen eines inneren Merkmales (Einschluß) nicht diesen hohen Preis kosten muß.

Sagen Sie nicht, Steine mit Einschlüssen seien in Notzeiten unverkäuflich. Das ist wieder so eine globale Aussage – und sie stimmt nicht. Sie sind im Gegenteil als Tauschobjekte in bestimmten Notzeiten viel gewinnbringender gewesen als die Spitzensteine, die dann nur schwer oder mit Verlust zum *echten* Wert an den Mann zu bringen waren. Die Erfahrung aus Kriegs- und Nachkriegszeit wird manchem von Ihnen noch gut in Erinnerung sein und mich bestätigen.

In den 15 Jahren meiner Diamant-Praxis habe ich viele schicksalhafte Begebenheiten erfahren, die an den Diamanten geknüpft waren. Sehr eindrucksvoll war für mich das mit einem Zweikaräter finanzierte Jurastudium des Sohnes einer Klientin. Der Grundstock für ein heute beträchtliches Vermögen auf dem Transportsektor war der Tausch eines blauweißen pikierten Fünfkaräters gegen einen Holzvergaser. So geschehen 1947 nicht weit von Stuttgart. Lassen Sie mich deshalb wiederholen: In solchen Notzeiten, wo Geld nur noch Papierwert hat oder rar ist wie Gold, brauchen Sie *verschiedene* Qualitäten, um immer das richtige Tauschhandelsobjekt zu besitzen. Und das ist *auch* der optisch feine und, wenn möglich, große Stein, der ein Minimum dessen kostet, was er repräsentiert.

Ich bin nur realistisch, wenn ich behaupte, daß es für viele Menschen verlockend ist, etwas erwerben und zeigen zu können, was aussieht, als sei es hunderttausend Mark wert, in Wirklichkeit hat man aber nur einen kleinen Teil dieser Summe dafür bezahlen müssen. Das läßt auf einen schlechten Charakter schließen, meinen Sie? Aber nicht doch! Es läßt nur darauf schließen, daß dieser Mensch kein Dummkopf ist und eine Möglichkeit ausnützt, die es sonst bei keinem Statussymbol gibt. Es sei denn, sie fahren einen Rolls Royce auf ungedeckten Wechseln.

Denn was ist letztlich ein Edelstein? Er ist ein Statussymbol, das uns erlaubt zu demonstrieren, wo wir stehen. Und wenn nicht der Homo sapiens seit eh und je dieses Bedürfnis gehabt hätte und es wohl auch bis ans Ende seiner Tage behalten wird, zu zeigen, wo er steht, dann wäre der Edelstein vielleicht ein Liebhaberobjekt für Mineralogen, aber keinesfalls ein Sachwert, der zur Abrundung auf jede gut gestreute Vermögenspalette gehört. Und wenn Sie jetzt sagen: *Ich* brauche kein Statussymbol und auch keinen Prestigenutzen, dann muß ich Ihnen widersprechen und Ihnen sagen: Sie brauchen beides *doch*, und zwar spätestens dann, wenn Sie Ihren Edelstein veräußern wollen.

Und es gibt noch eine Betrachtungsweise, die ich hier zur Debatte stellen möchte: Wenn vom Edelstein vor allem verlangt wird, daß das, was er zeigt, von möglichst strahlender Schönheit sein soll, warum fangen wir dann nicht endlich an, die Gewichtung der einzelnen Kriterien neu zu setzen? Und das würde heißen: Farbe vor Reinheit. Denn die Farbe ist ein ganz wichtiges optisches Signal, das dem Beschauer sichtbar eine Wertvorstellung erlaubt. Erst bei Einschlüssen, die dem bloßen Auge sichtbar sind, erlauben die Reinheitsstufen eine solche Wertung.

Sicherlich ist die Lupenreinheit ihrer Rarität wegen ein sehr preisbestimmender Faktor. Und wenn wir alle Millionäre wären, könnte man den Snobismus so weit treiben und nur diese unendlich raren blauweißen lupenreinen Steinchen kaufen. Wenn wir uns aber bemühen, bei einer Vermögensverteilung Werte zu erwerben, die auch wieder veräußerbar sein sollen, dann muß man sich an die Realitäten halten.

Die Bedürfnisse der Menschen orientieren sich fast ausnahmslos an dem Lebensstandard, der gerade noch außerhalb ihrer Möglichkeiten liegt. Danach streben sie, eifrig wie Ameisen, egal welcher sozialen Schicht sie auch immer angehören.

Es braucht keinen messerscharfen Verstand, um zu erkennen, daß dem Edelstein für eine große Käufergruppe gewisse Preisgrenzen gesetzt sind. Diese sehr große, neugewachsene Gesellschaftsschicht ist es, für die heute aber Beträge zwischen 10 000 und 20 000 Mark absolut erreichbar geworden sind. Wenn nun die einzigartige Möglichkeit besteht, mit einem Diamanten, in den das bloße Auge nicht hineinsehen kann, für zehntausend ausgegebene Mark eine Wertvorstellung im Nutzen von über zwanzigtausend Mark einkaufen zu können, und das ist sehr wohl möglich, dann bitte ich um Ihre Gegenargumente, wenn Sie meinen, daß es hierfür nicht eine größere Käuferschicht gäbe als für den teuren Stein, der seinen dreifachen oder fünffachen Preis in keiner Weise besser dokumentiert. Und diese Feststellung ist gar nicht abwertend gemeint, sie wird ganz objektiv getroffen, weil sie für die Anlageüberlegungen im Edelsteinsektor eine zu beachtende Bedeutung hat. Denn hier ist die breite große Interessentengruppe für den Diamanten, die noch vor 50 Jahren nicht davon geträumt hätte, ihn erwerben zu können.

Und hierher gehört noch eine Überlegung: Die Gesellschaftsschicht, die vor 25 oder 30 Jahren einen Einkaräter erwerben konnte und damit ein Höchstmaß an Snobeffekt erzielt hatte, ist über diese Größe doch längst hinausgewachsen, denn auch Statussymbole ändern sich. Aber auch hier gibt es Grenzen – Preisgrenzen –, über die nur wenige aus dieser gehobenen Schicht hinaus wollen oder können. Wenn damals, vor 25 Jahren, ein feiner Einkaräter 3000 Mark gekostet hat, dann kostet der heute angestrebte Zweikaräter in feiner Qualität mehr als 100000 Mark, und ein Zweikaräter ist nötig, um denselben Effekt wie damals mit dem Einkaräter zu erzielen. Und da wird es dann in vielen Fällen schon recht mühsam, die oberste Heeresleitung in der Familie davon zu überzeugen, daß nichts Wichtigeres vorher mehr auf die Vermögenspalette gehört. Aber auch hier bietet der Diamant wieder diese faszinierende Möglichkeit, mit einem viel kleineren Betrag den Prestigenutzen von einem dreifach so hohen Wert einzukaufen.

Glauben Sie bitte nicht, daß ich Ihnen hier eine gut ausgedachte Theorie erzähle. Ich bin schon so lange im Verkauf des ›uralten Kohlenstoffes‹, daß ich es mir erlauben kann, Erfahrungstatsachen aus der Praxis aufzustellen. Und von den unzähligen Käufern, die mit der festen Überzeugung kamen, das einzig Kaufbare sei ein lupenreiner Einkaräter, sind zu viele strahlend davongegangen mit einem doppelt so großen Stein, der doppelt soviel Freude machte und für den nicht viel mehr bezahlt werden mußte als für den anvisierten Einkaräter. Und das ist weltweit gleich.

Sicher interessiert Sie in diesem Zusammenhang, daß diese Steinqualität in der Rezession 1974/75 *weniger* Federn lassen mußte als der große Spitzenstein, der ja immer einen Spitzenpreis verlangt und mit einer großen Geldausgabe verbunden ist.

Hinzufügen muß ich noch, daß es bei den von mir beschriebenen optisch feinen Steinen (gute Farbe, dem bloßen Auge unsichtbare Einschlüsse) um eine Qualität geht, die im Weltangebot absolut nicht wie ›Sand am Meer‹ herumliegt. Allein die Farben ›river‹ und ›top wesselton‹ sind so rar, daß sie *auch mit Einschlüssen* nur einen minimalen Teil der viel größeren Menge der abfarbigen Steine ausmachen (nur ca. 10 % aller Diamanten).

Damit Sie nun aber nicht das Kind mit dem Bade ausschütten und sagen, ich hätte behauptet, die beste Anlage seien Steine, die nach mehr aussehen als sie kosten, will ich zusammenfassend präzisieren:

Für ein Edelstein-Investment ist richtige, geplante Streuung genauso wichtig wie bei der gesamten Vermögensverteilung. Der Spitzenstein wird à la longue gesehen den höheren Wertzuwachs haben – einfach seiner Rarität wegen. Seine Veräußerung in lukrativer Form bleibt *inflationistischen* Zeiten vorbehalten. Er muß als langfristige Anlage gesehen werden.

Einschluß-Steine in feinen Farben und gut gemacht, sind ebenfalls anlagegerecht, wenn sie mit dem richtigen Abschlag berechnet werden.

Wichtigste Steingröße in einem Edelstein-Investment bleibt immer noch der feine Eincaräter, weil Postulate, die lange genug in Gebrauch waren, sich zu Weltanschauungen verfestigen, auch wenn der Zahn der Zeit sie längst benagt hat.

Dazugekommen seit Ende der Rezession (1975) und ernstzunehmen sind kleine feine Brillanten von 0,10 bis 0,75 ct.

Ein *Edelstein-Investment* könnte z. B. so aussehen: Beginnen Sie mit dem feinen Eincaräter, lupenrein, gut bis sehr gut im Schliff, in den Farben river D–E, top wesselton F–G, wesselton H. Je nach Ihrer Liquidität können dazwischen oder danach feine kleine Brillanten gekauft werden, von 0,10–0,75 ct., von river E bis wesselton H. Alle Steine *müssen* feingemacht sein. Einschlußsteine können sehr wohl dabei sein, denn Einschlüsse sind weit weniger gravierend als schlechte Farben und schlampige Schliffausführung, die Sie definitiv streichen können. Solche Steine sind noch nicht einmal für Schmuck geeignet. Fügen Sie Ihrem Kronschatz auch einige optisch feine, große Einschlußsteine hinzu; sie waren in Rezessionen und als Tauschobjekte oft sehr hilfreich, denn der Wunsch nach Größe wird nie aussterben.

Zum Schluß kommt der *Farbhochedelstein*. Am beliebtesten sind *Safir* und *Smaragd*. Der teuerste Edelstein ist der hochfeine *Rubin*; allerdings ist er das Schlußlicht im Beliebtheitsgrad. Als Anlage sollte der Smaragd über 1 Carat liegen. Leuchtkraft und Farbintensität bestimmen seinen Preis. Ein zuverlässiger Fachmann ist hier conditio sine qua non. Nur feine Qualitäten eignen sich als Anlage. Dasselbe gilt für den Rubin. Beim Safir sollte das Gewicht höher sein; zwischen 2 und 5 Carat liegen die begehrtesten Anlagegrößen. Heute ist nicht mehr die Provenienz ausschlaggebend für den Preis, sondern allein Farbtiefe und Leuchtkraft. Ein hochfeiner Siam-Rubin ist wertvoller als ein mittelmäßiger Orient-Rubin. Verteilen Sie die letzten 20% Ihres Anlagevolumens auf die drei Farbhochedelsteine. Alle Steine müssen Echtheits- und Qualitätsgutachten eines renommierten Fachlabors haben.

Der Aufbau eines Edelstein-Investments sollte also unterschiedliche Qualitäten und Größen enthalten. Es ist dem Geschmack des einzelnen Anlegers vorbehalten, wie er hier gewichtet. Da man am Tage des Kaufes leider nicht in die Zukunft blicken kann, bleibt es dieser Zukunft vorbehalten, zu bestätigen, ob man hellseherische Fähigkeiten hatte. Aber es ist wohl nicht wegzudiskutieren, daß unterschiedlichen Veräußerungssituationen mit einer breiten Variation des möglichen Angebotes besser begegnet werden kann. Daß bei einem großen Betrag, der hier investiert werden soll, immer dem Einkaräter in unterschiedlichen Qualitäten ein *maßgeblicher* Anteil eingeräumt werden sollte, liegt an der größeren Schicht, die in diesen Beträgen beim Wiederverkauf als Käufer in Frage kommt.

VII. SCHMUCK ALS ANLAGE

Zauberhafte, mit viel Geschmack und großem handwerklichen Können gefertigte Kreationen sind selten eine Anlage.

Ich spreche von Ringen, Ketten, Kolliers und Broschen mit vielen kleinen Steinen in modischer Form. Eine Kreation, so hinreißend sie im Moment auch sein mag, unterliegt dem Geschmackswandel. Gott sei Dank, denn sonst wäre diese Welt grau und langweilig und außerdem gäbe es keine Prosperität und keinen Fortschritt.

Ein Kleid, das uns Tränen der Rührung in die Augen getrieben hat beim Kauf, entlockt uns ein Jahr später kaum mehr ein müdes Lächeln, und genauso geht es mit dem Auto und der Wohnungseinrichtung. Das Juweliergeschäft mit der riesigen Auswahl an Verlockungen hat deshalb auch nicht den Ehrgeiz, Ihnen eine ›Anlage‹ zu verkaufen.

Kreationen haben ihren Preis, und man kauft sie, weil sie schön sind und weil man sie tragen möchte. Daß heute alles so teuer ist, ist zwar zu beweinen, aber nicht zu ändern. Schließlich müssen Miete, Gehälter, Werbung und Lagerhaltung bezahlt werden, auch vom Juwelier und Steinhändler.

Man sollte Schmuck also ganz spontan kaufen und dabei nicht an Wertanlage denken. Denn wenn es *darum* geht, sieht die Sache anders aus. Dann hat der Stein, ob Diamant oder Farbedelstein, das Wort. Fassung und Design sollten so sparsam wie möglich sein. Der große Stein braucht auch gar keine Fürsprecher, er kann selber laut genug reden. Was Sie an einer schlichten Fassung bei Modeänderungen verlieren, ist minimal und kann im Verhältnis zum Steinwert vergessen werden.

Auch wenn Sie einen Stein zur Wertsicherung erwerben, spricht nichts dagegen, daß dieses Investment, in Gold oder Weißgold gefaßt, von der Dame des Hauses oft und viel an die Luft geführt wird. Sie muß vorher nur vereidigt werden, das Juwel außer Hause niemals vom Finger zu nehmen. Denn außer daß er auf irgendeiner Toilette nach dem Händewaschen vergessen wird, kann ihm nichts Ernstliches

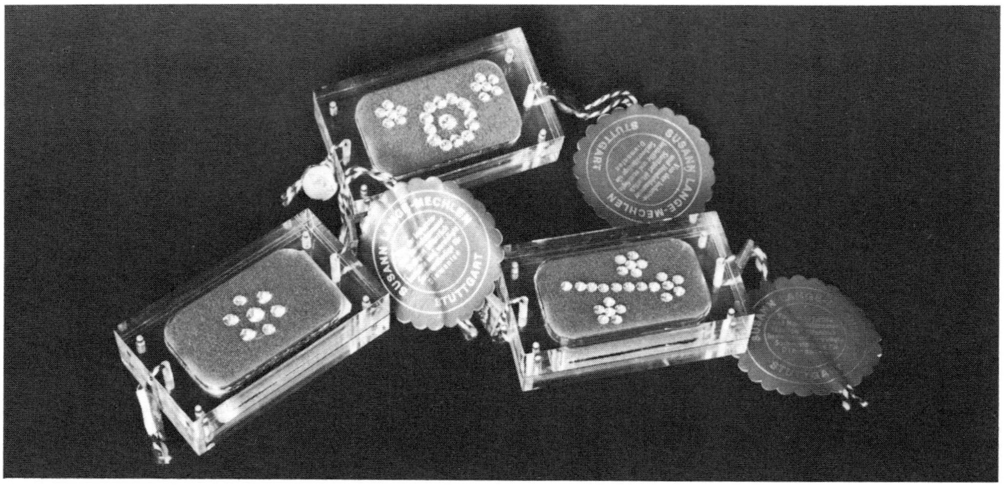

passieren, wenn Sie ihn freundlich behandeln. Immerhin ist er das härteste Mineral der Welt, daher kommt ja auch der hübsche Spruch: Der Edelstein – die härteste Währung der Welt.

Steine, die als Anlage gekauft wurden, sollten ruhig auch getragen werden. Ohne die hautnahe Verbindung zum Schmuck wäre der Edelstein nichts als ein interessantes Mineral.

Im Gegensatz zu sehr modisch verarbeitetem Schmuck läßt sich ein schöner, einfach gefaßter Stein, ob am Hals oder an der Hand, immer tragen. Sozusagen vom Bikini über die Schürze bis zum kleinen Abendkleid. Bei großen, auffälligen Kreationen läuft man dagegen immer Gefahr, daß die Bekannten die Köpfe zusammenstecken und sich zuflüstern: ›Schau mal, da kommt das Brillantkollier wieder.‹

Der funkelnde Stein, allein und schlicht gefaßt, bleibt die beste Empfehlung für Schmuck als Anlage. Wenn trotzdem in manchem Safe viele lose Steine liegen, dann ist das darauf zurückzuführen, daß deren Besitzer in den letzten Jahren mehr als einen Stein erworben haben.

Es ist ganz selbstverständlich, daß dann zum Tragen der optisch feine Stein genommen wird, während das Vollblutrassepferd, schön an seinen Steckbrief angesiegelt, im Safe bleibt.

Das Diamanten-Kleindepot, das heute schon neben der Goldmünze als Kleininvestition angeboten wird, stellt keine Alternative zum großen Stein dar. Es ist eine Ergänzung und sozusagen das kleine Wechselgeld in dieser Ersatzwährung, nicht anders als die Goldmünze neben dem Goldbarren.

Damit bin ich am Ende mit meinen ganz persönlichen Ideen zum Edelstein als Wertsicherung. Ich habe sie 15 Jahre lang überdacht, geprüft und mit einer täglichen marktnahen Erfahrung verglichen.

Nach Ortega y Gasset beginnt die Kultur mit dem Überflüssigen und – wenn er recht hat, braucht es dem Besitzer edler Steine nicht Angst zu sein. Auf lange Sicht gesehen wird die Kultur fortschreiten, und wenn es auch dauern wird – der Edelstein ist unvergänglich.

VIII. FARBEDELSTEINE

Über diese zauberhaften Einfälle der Natur könnte man allein ein dickes Buch schreiben. Denn die Schöpfungen sind so zahlreich und so hinreißend, daß man kaum weiß, wie man seiner Begeisterung Herr werden und wem man die Siegespalme überreichen soll. Trotzdem hat die Menschheit ganz klar entschieden, wer als Sieger diesen bunten Reigen anführen soll.

Dem Beliebtheitsgrad nach führt Smaragd, Rubin und der Saphir. Wobei in einzelnen Ländern der Rubin die erste Stelle einnehmen mag, in anderen Ländern der Smaragd oder der Saphir. Sicherlich hängt diese Entscheidung mit dem Seltenheitswert dieser drei bevorzugten Edelsteine zusammen, aber es gibt seltenere, die es trotzdem nicht geschafft haben, in die Spitzengruppe aufzurücken.

Am hochwertigsten ist ein Edelstein, wenn sein Seltenheitswert sehr groß ist. Es kommt aber noch ein Faktor hinzu, das ist sein Härtegrad, der ihn immun macht gegen Beschädigungen. Steine, die unter dem Härtegrad 7 des Quarzes liegen, sind der Abnutzung ausgesetzt. Allein durch die in der Luft befindlichen Quarz- und Staubpartikel, die ihn mechanisch, durch Reibung, verkratzen und damit zerstören.

Da dieses Buch ein Ratgeber für den Käufer sein soll, werde ich sehr ausführlich die drei Spitzenreiter durchleuchten, für die man in großen Gewichten und feinen Qualitäten tief in die Tasche greifen muß.

Die ersten Edelsteine, die zu Ende gehen werden, sind sicherlich der Rubin und der Smaragd. Die Fundstellen werden lange vor denen des Diamanten ausgebeutet sein. Es ist erstaunlich, wie aus ganz unattraktiven Grundsubstanzen wie Kalk, Magnesium, Kohlenstoff, Kieselsäure oder Tonerde diese begehrten Edelsteine entstanden sind. Weit zurück in die Entstehungszeit unserer Erde reichen die Vorgänge, die den Edelstein entstehen ließen. Höchste Temperaturen und gewaltiger Druck haben sie geformt. Durch Hochschieben in kältere Erdschichten vollzog sich die Auskristallisierung zum fertigen Mineral.

Das Muttergestein sind die primären Fundstellen, die dem Menschen die meisten Schwierigkeiten entgegensetzen, wenn er an ihre Schätze gelangen möchte. Die sekundären Fundorte sind die ›Edelseifen‹ oder alluvialen Vorkommen in Flußbetten, die es dem Eroberer nicht so schwermachen, fündig zu werden.

Immer schon hat der Mensch dem Edelstein magische Kräfte zugesprochen, die sowohl schützen als vernichten können. Heilkräfte hat der Mensch ihm zugeordnet, und nicht nur im alten Ägypten ist mit Amuletten aus echten Steinen ein schwunghafter und lukrativer Handel betrieben worden. Kein Volk ist ohne Aberglauben, und wer will den Beweis führen, daß nur wirksam ist, was wir mit unseren irdischen Augen sehen und rational erfassen können.

SMARAGD

Der Name stammt aus dem griechischen ›smaragdos‹. Er gehört in die Beryllgruppe und ist ein Berylliumtonerdesilikat. Seine grüne Färbung erhält der Smaragd durch das Metall Chrom.

Sein spezifisches Gewicht schwankt zwischen 2,67–2,78. Sein Kristallsystem ist hexagonal, die Formen mannigfach, vor allem Prismen oder Pyramiden. Die Härte ist nach Mohs 7,5–8. Lichtbrechung 1,58–1,59. Keine Spaltbarkeit, Vorsicht beim Erhitzen, alle Berylle sind spröde, daher druckempfindlich. Die bedeutendsten Vorkommen, die bis heute die schönsten Steine liefern, liegen in Kolumbien. Die staatliche Mine von Muzo wurde seit 1590 abgebaut, denn schon die Spanier schätzten diesen Edelstein und wußten ihn zu Geld zu machen. Auch Chivor ist eine berühmte Fundstelle, die wie alle anderen Minen unter der Kontrolle des kolumbianischen Staates stehen, der versucht, übermäßige Ausbeute und den grauen Markt so weit wie möglich auszuschalten.

Der Abbau geschieht zum Teil im Tagebau, aber auch im Stollenbetrieb.

Man findet den begehrten Smaragd vor allem in Kalkspatadern. Leider ist auch hier die Ausbeute an farblich feinen und klaren Steinen sehr gering. Die Steine aus der Muzo-Mine sind etwas dunkler als die Chivor-Smaragde.

An zweiter Stelle standen die Vorkommen im Ural, die heute stillgelegt sein sollen.

Ein relativ neues Vorkommen ist die Sandavana-Mine in Rhodesien. Die Qualität der dort gefundenen Steine ist zum Teil sehr fein, auch Steine aus Südrhodesien sind von tiefgrüner Farbe und damit eine Spitzenqualität. Auch Indien liefert Smaragde, viele sind von wenig feiner Qualität, die Farben sind zu hell, und vor allem ist die Durchsichtigkeit und damit die Leuchtkraft wenig gut. Steine aus den Minen bei Razptana sind dagegen leuchtend und fein in der Farbe. Viele ›indische‹ Smaragde kommen aus der Republik Südafrika, aus Nordtransvaal. Hier wird mit neuzeitlichsten Methoden abgebaut und die Rohware geht geschlossen nach London. Von dort gelangt sie nach Indien zum Schleifen und zum Verkauf. Die meisten Steine eignen sich wegen minderer Qualität nur zum Cabochon-Schliff, ein kleiner Teil (ca. 5 %) ist farblich fein und wird im typischen Treppen- oder Smaragdschliff geschliffen.

Auch um große Farbedelsteine ranken sich Geschichten. Es geht die Sage, daß in Peru ein Smaragd in der Größe eines Straußeneis als Gottheit verehrt wurde.

Im Britischen Museum in London ist ein Smaragd von 156 Karat zu sehen. Auch in den unermeßlichen Schätzen der Pharaonen gab es Smaragde von besonderer Größe und Schönheit; Kleopatra schickte Tausende von Sklaven in die Smaragdminen, um ihren Kronschatz zu füllen. Für die Ägypter war der Smaragd der Stein der Liebenden.

In der Wiener Schatzkammer kann man einen Krug bewundern, der aus *einem* Smaragd geschnitten wurde. Er ist 12 cm hoch, und blutroter Wein mag den Habsburgern, denen er gehörte, daraus besonders gemundet haben.

Die Amerikaner besitzen den ›Patricius‹, einen Smaragd von 632 Karat, und dieRussen haben in ihrem Staatsschatz einen tafelförmig geschliffenen Beryll von 135 Karat Gewicht.

Smaragd ▷
Rubin ▷ ▷

Daß in den Schatzkammern der Azteken und Inkas märchenhafte Juwelen lagen, hat diesem hochgebildeten Volk nicht gerade zu Ruhe und Frieden verholfen. Die spanischen Eroberer machten diese Schätze gewaltsam zu ihrem Eigentum.

Doch zurück zur Beurteilung dieser Raritäten, die wir heute nicht weniger schätzen als unsere Vorfahren; zum Glück sind die Methoden, sie sich anzueignen, erheblich ziviler geworden. Bei der Bewertung des Smaragdes ist vor allem seine Farbe und Leuchtkraft ausschlaggebend. Im Gegensatz zum Diamanten sind Einschlüsse, wenn sie diese beiden Kriterien nicht beeinträchtigen, weniger gravierend. Der sog. ›jardin‹ im Smaragd, der durch das Mikroskop wie der Blick in ein Aquarium erscheint, mindert den Preis des Steines erst dann erheblich, wenn der Stein dadurch schmutzig erscheint und erheblich an Leuchtkraft verliert. Smaragde in feiner Farbe mit einem feinen Einschlußbild sind wertvoller als helle, klare Steine, die dagegen wäßrig anmuten. Verwechslungen mit anderen grünen Steinen sind kaum möglich. Am ähnlichsten mögen südwestafrikanische Turmaline sein, die durch Brennen ihre blaue Naturfarbe verloren haben und grün geworden sind.

Viel schwieriger sind einige Synthesen zu erkennen, von denen vor allem die Chatam-Smaragde vom echten Smaragd mit dem Auge nicht zu unterscheiden sind. In einem Farbsteinlabor allerdings kommen die Karten auf den Tisch. Die Bestimmung der Lichtbrechung oder die Beobachtung der Licht- und Schattenlinien in Benzoesäure decken den Schwindel auf. Auch die Besichtigung des Delinquenten unter kurzwelligem ultraviolettem Licht gibt einen starken Hinweis auf die Retorte, wenn eine rote Luminiszenz auftritt, die der echte Smaragd im allgemeinen nicht zeigt. Auch die hydrothermalen Smaragde, die eine Synthese einer amerikanischen Firma sind, zeigen diese starke Luminiszenz und können dadurch leicht erkannt werden. Neben Synthesen gibt es viele Imitationen, die heute alle eine Kennzeichnung vom Namen her haben müssen. Dabei gibt es die von Lechleitner erfundenen ›Szmeralde‹.

Hier wird ein heller Aquamarin oder Beryll hydrothermal mit einer dünnen Schicht von synthetischem Smaragd überzogen.

Ohne namentliche Kennzeichnung kann auch ein ›durchschnittlich geübter Fachmann‹ darauf hereinfallen. Unter den Geräten im Edelsteinlabor allerdings sieht man sofort den Gegensatz zwischen Kern und Fremdummantelung. Dubletten aus Bergkristall, die eine chromgefärbte Glasschicht zwischen Ober- und Unterteil eingelegt haben, sind täuschend ähnliche Nachahmungen. Sie tragen den Namen ›Teclasmaragd‹.

Der sogenannte ›Smaryle‹ ist eine Dublette aus farblosem Beryll. Zwischen den beiden Beryllen liegt eine Schicht aus smaragdgrünem Duroplast, die die beiden Teile fest miteinander verbindet.

Gerissene Händler, die auf der Jagd nach gutgläubigen Touristen sind, wissen, daß das Ölen von rissigen Smaragden diese Risse für einige Zeit verschwinden läßt. Wenn das Öl nach einiger Zeit verschwunden ist, ist mit Sicherheit auch der listige Verkäufer verschwunden. Und deshalb sei hier nochmals gewarnt vor dem Kinderglauben, man könne irgendwo feine Steinqualitäten zu billigen Preisen als Okkasionen erwerben. Denken Sie daran, daß feine Steine weltweit Raritäten sind und dem kontinuierlichen Großabnehmer vorbehalten werden, von dessen Wiederkommen und umfangreichen Käufen der Farbsteinhändler lebt. Der Tourist bekommt den Ramsch oder auch die Fälschung, denn er kommt nicht wieder, und das ist für all die fliegenden Händler seine beste Eigenschaft.

Der Trägerin des Smaragdes sei Vorsicht empfohlen. Der Smaragd hat nicht die Härte des Diamanten. Er ist empfindlich gegen Druck und Schlag, vor allem durch die häufigen Risse im Innern, die typisch für ihn sind. Das ist auch der Grund, weshalb er gerne im weicheren Gelbgold gefaßt wird. Er wird fast immer zusammen mit seinem Rivalen, dem Diamanten, verarbeitet, der sein samtenes leuchtendes Grün noch unterstreicht und zur vollen Geltung bringt.

Er ist als Monatsstein dem Mai gewidmet.

RUBIN

Der Name kommt von dem lateinischen Wort ruber – rot. Er gehört in die Korund-Gruppe und ist ein Aluminiumoxyd (Tonerde). Seine rote Färbung erhält er durch Spuren von Chrom, ebenso wie der Smaragd.

Sein spezifisches Gewicht liegt zwischen 4,00 + 003. Sein Kristallsystem ist trigonal, die wichtigsten Formen sind sechsseitige Prismen, Rhomboeder. Die Härte ist nach Mohs 9, Lichtbrechung 1,76–1,77. Minimale Spaltbarkeit, leicht spröde.

Die wichtigsten Vorkommen, aus denen die Steine mit dem begehrtesten Rot, dem Taubenblut, kommen, liegen in Birma. Wobei Mogok ein Zentrum des Edelsteinhandels ist.

Der Abbau ist bis heute noch nicht modernisiert und wird auf primitive Weise von Stollen und Schächten ausgeführt. Alluviale Abbaustellen (Flußtäler) sind häufig. Die primären Vorkommen liegen im weißen, verwitterten Marmor, in dem die Rubine wie Blutstropfen eingebettet sind und aus denen sie dann auch in die Seifen ausgeschwemmt wurden. Sehr viele Begleitmineralе finden sich hier, vor allem der Zwillingsbruder des Rubins, der Saphir, und zwar in allen seinen möglichen Farben, blau, grün, gelb und farblos. Dabei kommt es vor, daß unversehens aus einer Rubinmine eine Saphirmine werden kann. Aber in diesen Fundstellen sind auch noch andere als Edelstein bekannte Minerale zu Hause, die hier mitgefördert werden: Topas, Mondstein, Spinell, Zirkon, Chrysoberyll fallen sozusagen bei der Rubingewinnung mit ab. Die Ausbeute an feinen Rubinen in Größen über 1 Karat ist sehr gering, der größte je gefundene Rubin wog 400 Karat.

Die Steine, die sich nicht zum Edelstein eignen, finden ihren Absatz in der Industrie, sie eignen sich ausgezeichnet als Schleif- und Poliermittel, die Uhrenindustrie verwendet sie als Lagersteine.

Rubinrot ist kein einheitlicher Begriff, denn dieser edle Stein zeigt eine Vielfalt an Rottönen, die ganz erstaunlich ist. Am begehrtesten ist die Taubenblut-Farbe, die vor allem der Birma- oder Orientrubin zeigt. Die Abweichungen werden vor allem durch Beimengung von Eisen hervorgerufen, was die dunklere Tönung ergibt. Die Färbung des Rubins ist eine allochromatische, also eine Fremdfärbung. Ceylonrubine sind meist etwas heller, und die Siamrubine zeigen einen Stich ins Bräunliche oder Dunkelrot. Allerdings kommen von allen Fundorten zum Teil hochfeine Steine, so daß es falsch ist, einen Siamrubin von vorneherein in eine billige Preisgruppe einzuordnen. Was den Preis ergibt, ist nicht allein das Herkunftsland, sondern vor allem die am höchsten eingeschätzte Farbe.

Saphir ▷
Lapislazuli ▷ ▷

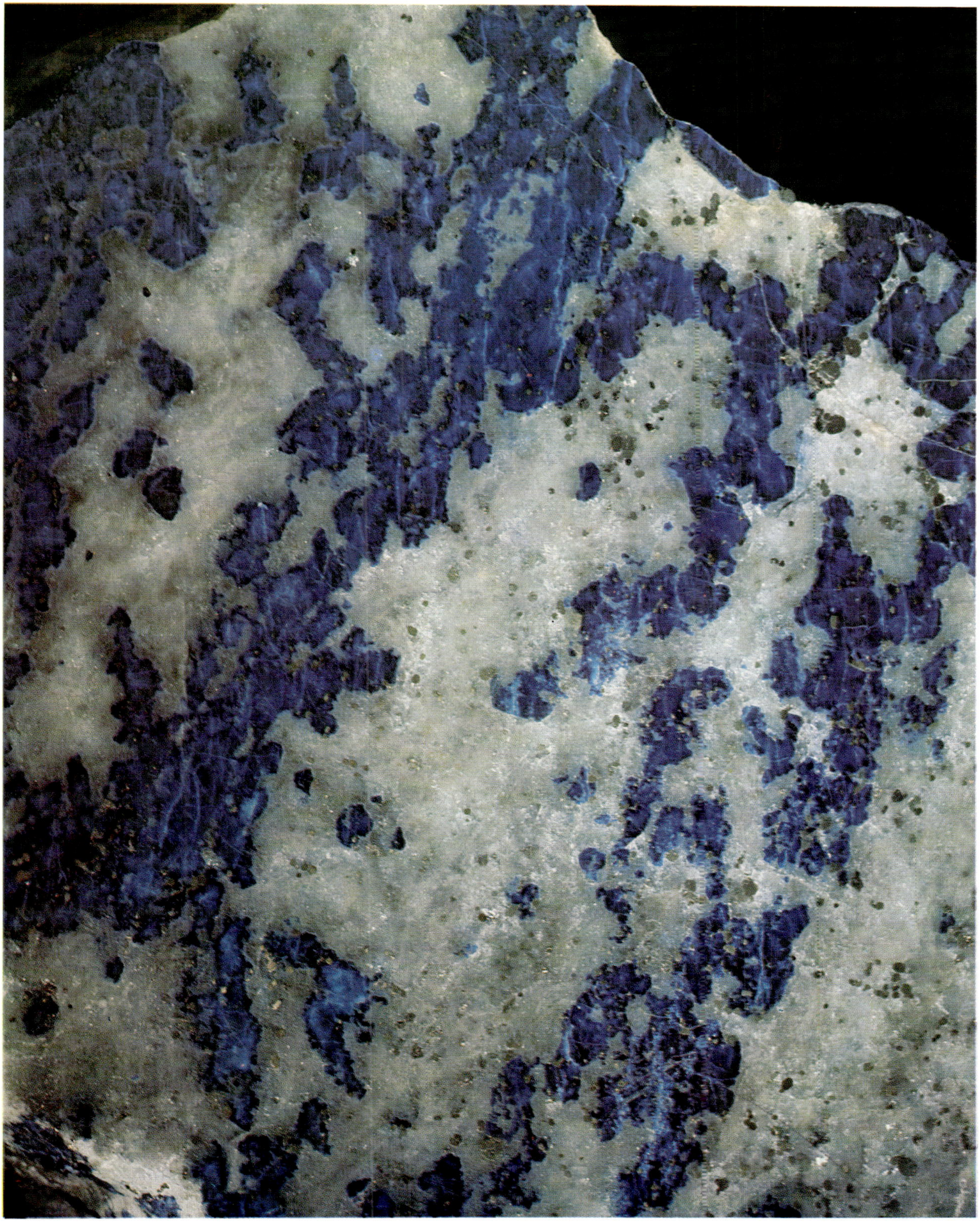

Eine zauberhafte Spielart sind der *Stern-Rubin* und der *Stern-Saphir*. Durch haardünne Einschlüsse – die sog. Rutilnadeln – zeigt sich über dem Stein ein sechsstrahliger Stern, der über den Stein wandert, wenn man ihn bewegt. Dabei spiegelt sich das Licht in den Einlagerungen, die durch ihre Anordnung den Eindruck eines Sterns hervorrufen. Diese Stern-Rubine werden als Cabochon geschliffen, das ist eine Schlifform ohne Facetten, die eine nach oben gewölbte unterschiedliche Rundung zeigt. Kleine Cabochons können wie Zuckerhüte aussehen.

Ausschlaggebend für den Wert eines Rubins sind, wie beim Smaragd, nicht seine Einschlüsse, sondern vor allem seine Farbe und seine Leuchtkraft. Einschlüsse haben fast alle Korunde. Sie werden auch als *Seide* bezeichnet. Zum Teil sind es die erwähnten Rutilnadeln, zum Teil Flüssigkeitsfahnen. Auch Fremdkristalle wie Zirkon, Hämatit oder Kalkspat können im Rubin oder Saphir eingelagert sein.

Bei der Korund-Gruppe, die ja viele bunte Farben zeigt neben dem Rot des Rubins und dem Blau des Saphirs, sind Verwechslungen leicht möglich.

So können der Granat, der rubinfarben sein kann, und auch rote Steine aus der Chrysoberyllgruppe dem Rubin sehr ähnlich sein. Im Edelsteinlabor zeigt sich aber beim Chrysoberyll die niedrige Lichtbrechung als Merkmal, und beim Granat, der nicht doppelt brechend ist und ein anderes Absorptionsspektrum hat, kann es über die Identität ebenfalls keinen Zweifel geben.

Bei den Synthesen sind vor allem die fehlenden natürlichen Einschlußbilder ein Hinweis. Auch hier – wie beim Smaragd – zeigt der synthetische Stein unter ultraviolettem Licht eine andere Luminiszenz als der echte Stein. Glasimitationen finden sich, und vor allem werden Stern-Rubine und Saphire nachgeahmt. Dabei kann Bergkristall oder synthetischer Korund verwendet werden. Dem Cabochon wird ein Gitter eingraviert, das den Effekt des Sternes ergibt. Ein Verfahren, den Rubin synthetisch herzustellen, ist das Verneuil-Verfahren. Alle Imitationen und Synthesen aber, und es gibt sie in schönster Form, haben dem echten Stein seinen Wert nicht nehmen können. Hier zeigt sich, daß der Mensch letztlich doch das Echte über alles schätzt. Berühmte Rubine gibt es. Pikant ist die Geschichte des großen Rubins, den der Schwedenkönig Gustav III. der Kaiserin Katharina von Rußland verehrte und der sich später, als man bessere Prüfmethoden hatte, als roter Turmalin entpuppte. Nun, beide waren tot, und somit gab es keinen Ärger.

Die Krone des Böhmenkönigs ist berühmt geworden durch die großen Rubine, die sie trägt. Im Britischen Museum of Natural History gibt es den 167karätigen Edwards Rubin. Auch Amerika zählt einen großen Stern-Rubin zu seinen Raritäten. Er wiegt 100 Karat.

Der Friedens-Rubin von feinster Farbe und Qualität mit 42 Karat wurde 1919 in Birma gefunden. Als Monatsstein gehört der Rubin dem heißen Sommermonat Juli.

SAPHIR

Der Name kommt von dem arabischen Wort safir (blau) oder auch aus der Übersetzung des griechischen Wortes für blau = sapheiros. Er gehört, wie der Rubin, in die Korundgruppe und ist ein Aluminiumoxyd (Tonerde). Seine blaue Farbe erhält er durch Spuren von Eisen und Titan. Sein spezifisches Gewicht ist ebenso wie beim Rubin 4,00 + 003.

Sein Kristallsystem sind sechsseitige Prismen, Rhomboeder, also Doppelpyramiden mit je drei Flächen oben und unten. Die Härte nach Mohs ist 9, Lichtbrechung 1,76–1,77. Minimale Spaltbarkeit, leicht spröde. Wichtige Vorkommen liegen in Siam und Birma. Aus beiden Fundorten kommen feine Qualitäten in der Farbe kornblumenblau, die am meisten geschätzt wird neben den Saphiren aus Kaschmir, die ebenfalls herrliche tiefblaue Steine mit feinem Seidenglanz liefern. Saphire kommen aus primären und sekundären Lagerstätten. Die Saphire aus Kaschmir werden vor allem im Tal des Hochgebirges von Machel im Schutt gefunden. Auch bei künstlichem Licht sind Saphire dieser Provenienz wunderschön, weil sie nicht so dunkel erscheinen wie Saphire aus Kambodscha, die fast schwarz und leblos wirken. Daneben sind Steine aus Ceylon häufig sehr hell, oft mit einem Stich ins Lila. Aber auch hier gilt, daß nicht die Fundstelle, sondern vor allem Farbe und Leuchtkraft für den Preis verantwortlich zeichnen.

Saphire kommen auch in Australien vor. Sie sind selten schön in der Farbe, meist sind sie zu dunkel und wirken im künstlichen Licht leblos. Charakteristisch ist für alle Saphire aus Australien eine recht grobe Wachstumsstreifung. Aus Montana in den USA kommt ein sehr heller Saphir, der sich in seinem Blau aber deutlich vom Ceylon-Saphir unterscheidet. Auch in Tanganjika hat man Saphire gefunden mit ins Grünliche gehenden Blautönen.

Fast immer werden als Begleitmerkmale des blauen und roten Korunds andere Edelsteine gefunden. Daher nennt man diese Abbaustellen ›Gem-Pits‹. Der Saphir kommt neben den verschiedenen Blautönen, unter denen er am meisten bekannt und geschätzt ist, noch in vielen bunten Spielarten vor. Es gibt ihn in Rosa, Violett und Gelb, in Orange, dann heißt er Padparadscha nach der Farbe der Lotusblüte. Es gibt die Purpursaphire, die blaurot sind, weil bei der Entstehung sowohl Chrom als auch Eisen mit im Spiel waren. Sternsaphire sind ebenso geheimnisvoll wie Sternrubine, nur sind sie sehr viel häufiger zu finden. Sicherlich liegt es an der Tatsache, daß mehr feine Saphire als feine Rubine gefunden werden, daß der Rubin im Preis wesentlich höher liegt. Allerdings gilt das vor allem für die sehr raren großen und feinen Qualitäten.

Ein erstklassiger Spitzensaphir, tiefblau Kaschmirfarben mit seidigem Glanz, oder ein kornblumenblauer Stein aus Burma der ebenso zu den meistgeschätzten Saphiren gehört, erreicht Heute fast den Preis eines guten Diamanten im selben Gewicht. Und die Seltenheit der feinen Farbedelsteine wird die Preise mit Sicherheit weiter und weiter steigen lassen. Für Imitationen gilt dasselbe wie beim Rubin Gesagte.

Als berühmter Saphir muß der Star of India genannt werden. Ein Sternsaphir von 536 Karat. Das indische Museum of Natural History besitzt einen Ceylonsaphir von 163 Karat. Die Zeitungen brachten 1974 Berichte, daß 1966 im Mogoktal ein neuer Spitzenstein, ein Sternsaphir mit dem unglaublichen Gewicht von über 60 000 Karat gefunden wurde. Leider hat man bis heute nichts mehr darüber erfahren können. Große Saphire wurden auch dazu benutzt, die Porträts von berühmten amerikanischen Staatsmännern daraus zu schneiden.

Als Monatsstein gehört der Saphir dem Herbstmonat September.

Türkis ▷
Turmalin ▷ ▷

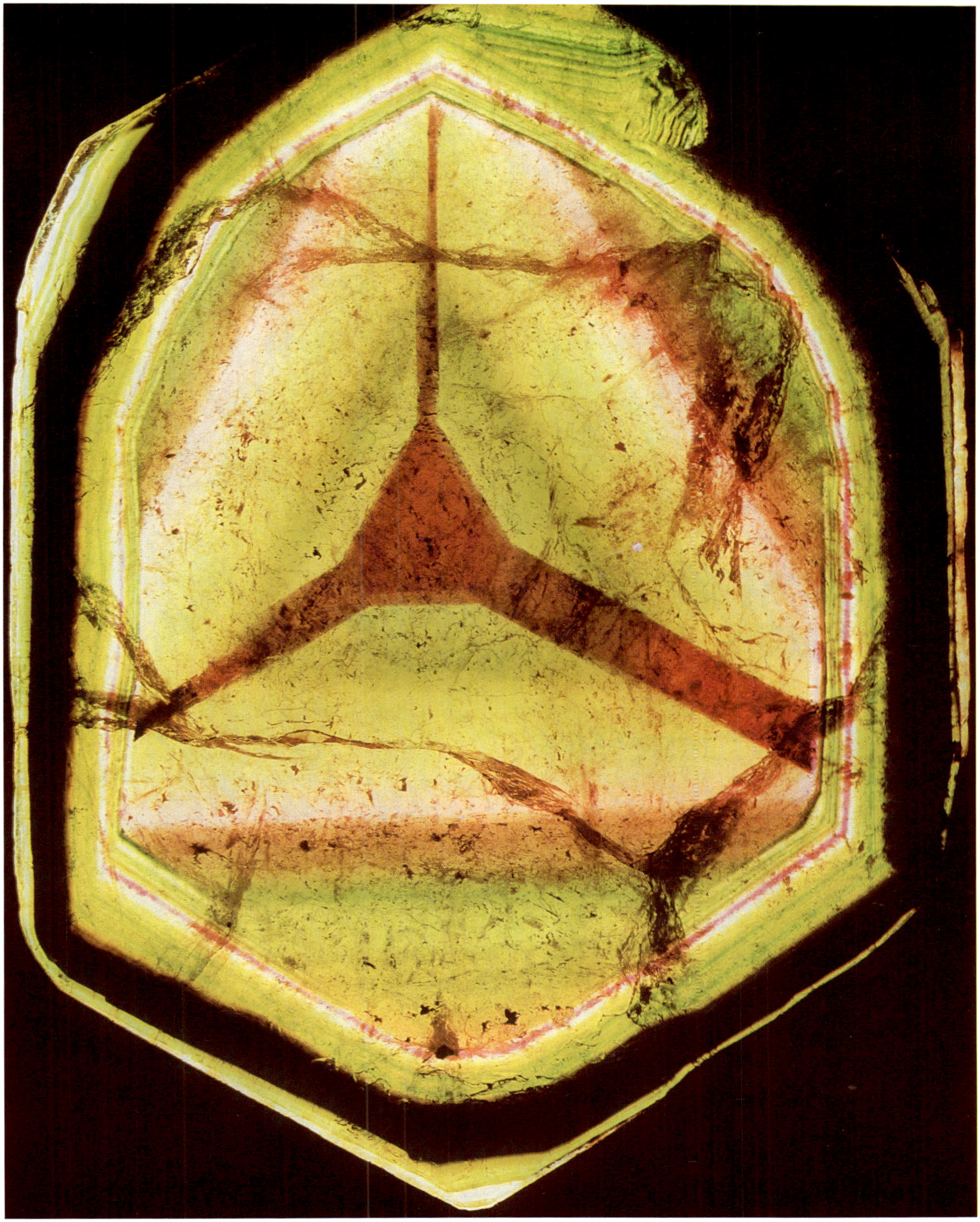

DIE BERYLLGRUPPE

Außer dem Smaragd umfaßt sie Aquamarin und Beryll.

Der *Aquamarin* ist ein Beryll von meerwasserblauer Farbe, die durch zweiwertiges Eisen verursacht wird. Er ist um so wertvoller, je dunkler seine Farbe ist. Die Formen der Einschlüsse haben zu Bezeichnungen wie ›Nägel‹, ›Regen‹ oder ›Schnee‹ geführt. Nach dem Smaragd ist der Aquamarin wohl der am meisten geschätzte Beryll. Einer Sage zufolge stammt er aus dem Schatzkästchen der Meerjungfrauen und ist von ihnen aus dem tiefsten Meeresgrund an den Strand gespült worden. Der Aquamarin bildet in Pegmatiten bis zu kilogrammschwere große Kristalle. Er wird teils aus primären und teils aus Seifenlagerstätten gewonnen.

Die größten Aquamarinexporteure sind Brasilien und Madagaskar. Daneben gibt es noch Fundorte in Nordamerika und Südafrika.

Neben den Hauptfarben smaragdgrün und aquamarinblau bringt die Beryllgruppe noch viele andere Farbvarietäten hervor, so den hellgelbgrünen Heliodor, den orangebraunen Morganit, den Goldberyll und Rosaberyll.

DIE GRANATGRUPPE

Der Granat spielte im Mittelalter als Karfunkelstein eine große Rolle. Er gehört zur Mineralgruppe der Silikate mit der allgemeinen Formel Me_3^{2+} Me_2^{3+} $(SiO_4)_3$ und der Härte 6,5–7,5. Die zwei- und dreiwertigen Metalle können sehr verschiedener Natur sein, woraus sehr verschiedene Farben resultieren: der feuerrote Pyrop, weinrote Almandin, gelbgrüne Demantoid, lichtbraune Hessonit, rötlichbraune Spessartin, schwarze Melanit, farblose Leukogranat, smaragdgrüne Uwarowit und undurchsichtig grüne Grossular.

Granate findet man in sehr schön kubischen Kristallen; die bevorzugte Form ist der Rhombendodekaeder oder auch Granataeder genannt. Die Granate sind Minerale der Eruptivgesteine, Kontaktgesteine und kristallinen Schiefer. Sie sind weit verbreitet, auch die für Schmuckzwecke geeigneten sind keine großen Seltenheiten, außer dem Demantoid. Die Lagerstätten der Granate können primärer und sekundärer Art sein. Bei ersteren werden die Kristalle an ihrem Entstehungsort gefunden. In der sekundären oder Seifenlagerstätte liegen die Granate durch Abtragung und Transport in Fluß- und Bachläufen, in denen sie infolge des relativ hohen spezifischen Gewichtes an Stellen geringeren Gefälles abgelagert werden. Schöne rote Granate können mit dem edleren Rubin verwechselt werden. Granate werden fast überall auf der Welt gefunden.

DIE JADEGRUPPE

Unter dem Namen Jade werden zwei Minerale zusammengefaßt: *Jadeit* und *Nephrit*. Sie sind nahe verwandt und einander sehr ähnlich. Der Nephrit gehört mineralogisch zu den Hornblenden und der Jadeit zu den Augiten. Beide Minerale wurden aufgrund ihrer Zähigkeit in prähistorischer Zeit zu Werkzeugen und Waffen verarbeitet, woher der Name Beilstein für Nephrit stammt.

Bekannt sind auch die chinesischen Jadearbeiten, die von Sammlern sehr geschätzt werden. Nephrit wurde auch als Amulett gegen Nierenleiden benutzt. Er ist fleckig-lichtgrün und trüb durchscheinend. Die Zähigkeit des Materials beruht auf innig verwachsenen feinsten Nädelchen; sie macht die Bearbeitung schwierig. Der Jadeit ist nicht ganz so zäh wie der Nephrit. Seine Farbe ist häufig reinweiß oder lauchgrün. Am gesuchtesten sind die smaragdgrünen, halbdurchsichtigen Stücke (Imperial Jade) oder die mit weißer Grundfarbe und grünen Flecken. Die wichtigsten Vorkommen liegen in Oberburma, weitere in Südchina, in Tibet, in Mexiko, Zentralamerika, Japan und Guatemala. Im Wert übertrifft der Jadeit im allgemeinen den Nephrit.

LAPISLAZULI

Der Lapislazuli ist ein ›Stein‹ im wahrsten Sinn des Wortes, ein Gestein, denn er besteht aus verschiedenen Mineralarten: Lasurit, Kalkspat, Augit, Hornblende und Pyrit. Farbgebend sind blaue Lasuritkörner, die Ultramarinmoleküle enthalten. Die metallisch golden glänzenden Pyritkörnchen (Schwefelkies) sind im Blau des Lapislazuli gern gesehen und gelten als Zeichen der Echtheit. Teuer sind allerdings Steine, die sie nicht aufweisen. Die Schönheit dieses Steines beruht auf der Farbe; sie schwankt zwischen Dunkellasurblau und blassem Hellblau und sollte möglichst gleichmäßig verteilt sein. Als Stein der Harmonie war Lapislazuli schon im Altertum sehr beliebt und diente zum Schneiden von Siegelsteinen und Figuren (Skarabäen). Die wichtigsten Vorkommen liegen in Afghanistan, Chile, Südsibirien (Baikalsee), Birma. Diese Verteilung auf der Landkarte erklärt, warum dieser Stein in letzter Zeit immer teurer wurde.

TANSANIT

Der Tansanit ist eine saphirblaue Varietät des Zoisit, einem Mineral der Epidotgruppe. Er wurde nach seinem einzigen Fundort in Tansania benannt, der erst vor wenigen Jahren entdeckt wurde. An Farbe und Brillanz kommt er oft dem Saphir gleich. Die Härte ist jedoch mit 6,5 viel geringer. Das Blau des Tansanit hat meist einen leicht violetten Stich. Es ist ein Zweilagenstein. Der Preis dieses beliebten Edelsteines steigt ständig, da bereits jetzt die neu geförderten Exemplare in der Farbqualität nachgelassen haben und in Gelbgrün übergehen. Durch Brennen geht jedoch diese Farbe zurück und das Blau wird intensiviert.

TOPAS

Der Topas, der Appetitanreger, am wertvollsten goldgelb, ist wegen der Klarheit und Reinheit seiner Kristalle ein besonders geschätzter Edelstein. Mineralogisch gesehen ist er ein Tonerdesilikat pneumatolytischer Entstehung mit Fluor im Kristallgitter, $Al_2(F_2SiO_4)$. Obgleich man sich unter dem Topas einen goldgelben bis orangebraunen Stein vorstellt, zeigen gerade die schönsten Exemplare auch andere Farben; ein feines Rosa, selten ein ausgesprochenes Rot, Aquamarinblau und ein helles Grün. Durch Erhitzen und Radiumbestrahlung werden Farbveränderungen erzielt. Die wertvollste Spielart ist der gelbe Goldtopas. Topase sollten im Altertum den Appetit des Trägers anregen. Die wichtigsten Topasvorkommen liegen in Brasilien und Ceylon. Topas ist an sich kein seltenes Mineral, doch es ist nur selten in schönen schleifwürdigen Kristallen vorhanden.

TÜRKIS

Der Türkis ist ein Kupferaluminium-Phosphat und bildet undurchsichtige derbe

Bergkristall ▷
Amethyst ▷ ▷

Massen eines Gemisches von feinsten kristallinen Nadeln und Körnern mit amorpher Substanz. Er ist ein Verwitterungsprodukt. Die schönste Farbe ist ein helles Himmelblau, für das das Kupfer verantwortlich ist. Von ihr gibt es alle Übergänge zu einem mit Blau und Grau untermischten Grün. Als Türkismatrix bezeichnet man Steine, die in der Türkissubstanz eine braunschwarze Äderung zeigen; dies sind Ausfällungen von Eisenhydroxyd oder Manganoxydlösungen, die in Risse eingedrungen sind. Ein Verlust des Wassergehaltes des Materials macht sich in einem Ausbleichen der Farbe bemerkbar. Nachteilig wirkt sich auch die Einwirkung von Chemikalien aus (Hautcreme, Seifen). Der Türkis ist nicht sehr selten, doch ist nur ein geringer Teil der Funde für Schmuckzwecke brauchbar. Die Hauptvorkommen liegen in Persien, Mexiko und China.

TURMALIN

Der Turmalin ist ein borhaltiges Tonerdesilikat mit sehr komplizierter chemischer Formel. Der beliebte Edelstein kann durch die Vielfalt seiner Farben jeden Geschmack befriedigen. Im Farbenreichtum übertrifft er alle anderen Edelsteine. Erwähnt seien nur die bekannten grünen, farblosen (Achroit), blauen (Indigolith), roten (Rubellit), braunen (Dravit) und schwarzen (Schörl) Varietäten. Häufig findet man bei Turmalinen zwei Farben an einem Kristall. Nicht selten sind die Enden der Prismen verschieden gefärbt (rot und grün, Türkenköpfe), oder der Kern ist rot gefärbt und von grünem Material umgeben. Der Turmalin zeigt elektrische Eigenschaften; wird er gerieben oder erwärmt, so zieht er an seinen Kristallenden Asche, Staub oder Papierschnitzel an. Der Turmalin ist ein ausgesprochenes Pegmatitmineral und kommt hauptsächlich aus Brasilien, den USA und Madagaskar.

ZIRKON

Der Zirkon besitzt Eigenschaften, die ihn dem Diamant nahestellen. Seiner chemischen Zusammensetzung nach ist er eine Verbindung von Zirkonerde und Kieselsäure, $ZrSiO_4$, mit Beimengungen radioaktiver Elemente (Hafnium und Uran). Seine hohe Lichtbrechung gibt ihm im Schliff eine hohe Brillanz. Eine ungünstige Eigenschaft ist seine hohe Sprödigkeit, die es notwendig macht, ihn vor jeglicher Beanspruchung durch Stoß und Druck zu sichern. Neben dem farblosen Zirkon gibt es noch den braunroten Hyazinth und alle möglichen Farbnuancen von Rot, Grün und Blau. Durch Erhitzen und Radiumbestrahlung lassen sich die Farben der Zirkone ändern. Die schönsten Exemplare stammen aus Kambodscha, Ceylon und Siam.

Die Quarzgruppe

Als Hauptbestandteil unserer festen Erdkruste ist *Quarz* ein ganz gewöhnliches gesteinsbildendes Mineral. Zum Beispiel Sand. Trotzdem nimmt es einen besonderen Platz ein, weil es in vielen farbenprächtigen Varietäten unter den Edelsteinen vertreten ist. Chemisch gesehen ist das Mineral kristallisierte Kieselsäure mit der Formel SiO_2. Die kristallinen Bildungen gehören dem trigonalen Kristallsystem an und zeigen meist sechsseitige, fast immer stark quergestreifte Prismen mit pyramidalen Flächen an den Enden.

Quarz entsteht in allen Phasen der Gesteinsbildung; er wird daher als sogenannter ›Durchläufer‹ bezeichnet.

Bei den Edelsteinvertretern aus der Gruppe der Quarze unterscheidet man zwei in sich verschiedene Gruppen: die kristallinen Quarze und die kryptokristallinen oder mikrokristallinen Quarzaggregate.

Unter den kristallinen Quarzen – übrigens weisen alle Quarze die Härte 7 auf – ist der *Bergkristall* wohl der bekannteste. Dieser wasserklare, funkelnde Stein nahm und nimmt zum Teil heute noch einen wichtigen Platz in Mythenkreisen unserer Bergbevölkerung ein. Sagen und Märchen berichten häufig von funkelnden Bergkristallpalästen, in denen Nymphen leben oder entführte Prinzessinnen gefangengehalten werden. Im Lichtspiel magischer Bergkristallkugeln versuchten von jeher Wahrsagerinnen die Zukunft zu ergründen. Adalbert Stifter hat wohl einer seiner schönsten Novellen, die von der glücklichen Bergung von im Hochgebirge verirrter Kinder berichtet, den Titel ›Bergkristall‹ gegeben. – In jüngster Zeit hat der Bergkristall in der Verarbeitung zu Schmuckstücken einen besonderen Aufschwung erlebt, da er infolge seiner weiten Verbreitung in der Natur nicht sehr teuer und somit für jedermann erschwinglich ist. Früher wurden übrigens Bergkristallgerölle aus den Schottern des Rheines genommen, geschliffen und dann als sog. *Rheinkiesel* in den Handel gebracht.

Die geschätzten, schönen Kristalle findet man insbesondere in den Klüften und Hohlräumen der Gesteine (Drusen), in die Kieselsäurelösungen eingedrungen sind. Nach Abkühlung derselben entstehen dann Kristalle, die metergroß werden können. Voraussetzung freilich ist, daß genug Materiallösung vorhanden ist und das Wachstum nicht durch das umgebende Gestein behindert wird. Bis um die Mitte des vorigen Jahrhunderts lieferten vor allem die Alpen allein das Rohmaterial. Diese Vorkommen, besonders die der Schweiz, sind für den Liebhaber und Sammler noch von Interesse. Heute stammt das für das Edelsteingewerbe geeignete Material meist aus Brasilien. Weitere Vorkommen liegen in Madagaskar, in Japan, Alaska, Nordkarolina, Kalifornien und Colorado.

AMETHYST

Der Amethyst unterscheidet sich vom Bergkristall allein durch seine Farbe, die durch den Einbau von zweiwertigem Eisen in das Kristallgitter entsteht. Er ist wohl der angesehenste und beliebteste Vertreter der Quarzgruppe. Die Griechen waren der Überzeugung, daß dieser Stein vor Trunksucht bewahre: die wörtliche Übersetzung von ›amethystos‹ lautet ›unberauscht‹; aus diesem Grunde pflegte man auch Wein häufig aus Amethystpokalen zu trinken. Die Farbe des Amethysts liegt zwischen Violett und Purpurrot; am geschätztesten sind die dunklen Exemplare. Eine Eigentümlichkeit des Amethysts besteht darin, daß er bei Hitze seine Farbe ändert. Deshalb ist z. B. beim Löten einer Fassung größte Vorsicht geboten. Abhängig vom Vorkommen und der ursprünglichen Färbung wird der Amethyst bei ca. 700 Grad Celsius farblos oder gelb bis braun. Derartig gebrannte Amethyste mit gelbbrauner Farbtönung ähneln dem natürlichen gelben Bergkristall, dem Citrin. Sie werden im Edelsteinhandel oft fälschlich als Topase bezeichnet.

Der Amethyst ist nicht mehr so weit verbreitet wie der Bergkristall. Er ist ein Mineral der hydrothermalen Gesteinsbildungsphase, d. h. er entsteht aus heißen, wäßrigen Restlösungen des Magmas oder pegmatitisch-pneu-

Gold auf Quarz ▷
Chalcedon ▷ ▷

matolytisch, d. h. aus Restlösungen mit leicht flüchtigen Bestandteilen wie Wasser, Fluor, Chlor, Bor, Schwefel, Kohlensäure usw., ferner auch Schwer- und Edelmetallen. Die Kristalle sind im allgemeinen weit kleiner als Bergkristalle. Meist sind die Prismen sehr schwach entwickelt, so daß die Kristalle nur aus den Pyramidenflächen gebildet werden (Spitzenamethyste!). An den Kristallspitzen pflegt die Farbe besonders intensiv zu sein. Beim Schleifen wird die farbintensivste Partie in die Spitze des Schliffs gelegt und gibt so dem ganzen Körper Farbe. – Die wichtigsten Vorkommen liegen in Brasilien und Uruguay, in den USA (Maine, Arizona, Nordkarolina), in Frankreich, Indien, Rußland (Ural), Japan, Mexiko, Nordrhodesien, Tanganjika und Zentralaustralien. Die Amethyste der Achatdrusen von Idar-Oberstein haben heute nur noch Sammlerinteresse.

RAUCHQUARZ

Der Rauchquarz, fälschlich auch Rauchtopas genannt, ist ein brauner bis fast schwarzer Bergkristall mit all diesen Eigenschaften. Die Farbstufen gehen von fast vollkommener Farblosigkeit (rauchige Bergkristalle) über Nelkenbraun bis zu Schwarz (Morion). Für die Färbung werden Fehler im Kristallgitter durch Einbau von Lithium und Aluminium verantwortlich gemacht. Jeder Bergkristall läßt sich mit Radiumstrahlen in einen Rauchquarz umwandeln. Ebenso wie der Amethyst ist der Rauchquarz hitzeempfindlich; er wird schon bei wenigen hundert Grad entfärbt. Auf diese Weise können zu dunkle Steine durch vorsichtiges Erhitzen aufgehellt werden. Der Rauchquarz ist hauptsächlich eine hydrothermale Bildung. Bekannte Fundstellen liegen in den Alpen (jedoch in größeren Höhen als der Bergkristall), im Ural, in Transbaikalien, in der Mandschurei, im Altai, in Spanien, Schottland, Madagaskar, Brasilien, Ceylon und den USA.

CITRIN

Der Citrin ist der natürlich gelb- bis braungefärbte Bergkristall. Ähnlich dem gebräunten Amethyst wurde er oft fälschlich als Topas bezeichnet. Die Verwechslung der beiden Steine ist übrigens sehr häufig und reicht weit zurück, der römische Schriftsteller Plinius berichtet in seiner ›Edelsteinkunde‹ bereits davon. Die Farbe des Citrin – also alle möglichen Nuancen von Gelb – wird auf seinen Eisengehalt zurückgeführt und kann ebenfalls durch Erhitzen teilweise verändert werden. Die bekanntesten Fundorte für Citrin liegen in Brasilien, Madagaskar, Spanien, Frankreich.

ROSENQUARZ

In der Gruppe der kryptokristallinen Quarze ist der *Rosenquarz* eine beliebte Varietät. Die schöne hellrosarote Farbe dieses körnigen Quarzaggregats soll von seinem Titangehalt (in Rutilform) herrühren. Analog zu den bereits behandelten gefärbten Quarzen ist auch die Farbe des Rosenquarzes durch Erhitzen veränderbar. Sie verschwindet bei 575 Grad Celsius völlig. Auch im Sonnenlicht ist die rosa Farbe wenig beständig. Rosenquarzkristalle sind äußerst selten; meist wird der Stein in derben Massen gefunden. Die Stücke sind stets von Rissen durchzogen und daher klar durchsichtig. Manche Rosenquarze zeigen als Cabochon geschliffen einen Lichtstern (Asterismus), der auf kristallographisch orientierte eingelagerte Rutilnädelchen zurückzuführen ist. Von alters her ist diese Quarzvarietät vorzugsweise für kunstgewerbliche Zwecke verwendet worden. Besonders schön sind die dünnwandigen Schalen aus Rosenquarz. Er galt überdies als Stein der Liebe. In Brasilien und Madagaskar liegen die Hauptvorkommen. In Deutschland gab es Rosenquarz bei Zwiesel im Bayerischen Wald. Dieses nennenswerte Vorkommen ist leider erschöpft, doch findet man durchaus noch Sammlerstücke. Weitere Lieferanten sind die USA, das Uralgebirge, Siebenbürgen, Österreich, Südwestafrika, Japan, Ceylon und Ostindien.

JASPIS

Der Jaspis, auch Hornstein genannt, ist ein feinkörniges oder auch feinfasriges Quarzaggregat. Zwischen den Quarzkörnern sind verschiedene Mineralsubstanzen eingelagert; daher treten sehr verschiedene Färbungen auf in Flecken, Streifen, geflammt oder auch ganz unregelmäßig. Neben Rot sind Gelb und Grün die geschätztesten Farben. Mit Berliner Blau läßt sich grauer Jaspis sehr schön blau färben und kommt dann mit der Falschbezeichnung ›Deutscher Lapis‹ in den Handel. Einige Jaspisarten mit Lagenstruktur finden für Gemmen Verwendung. – Bei den alten Ägyptern spielte der Jaspis eine große Rolle; auch bei den Griechen und Römern war er als Amulett- bzw. Siegelstein beliebt. So sollte er Regen bringen, wilde Tiere und Dämonen verscheuchen oder Volksrednern zur Macht verhelfen. Der rote Jaspis sollte innere wie äußere Blutungen stillen. Fundorte liegen in Ägypten und Indien. In Deutschland ist Jaspis in der Gegend von Idar-Oberstein anzutreffen.

TIGERAUGE

Das Tigerauge ist aus feinen, parallel gelagerten Quarzstengeln aufgebaut. Seine Verwandtschaft zum *Falkenauge* besteht darin, daß ersteres das Verwitterungsprodukt des letzteren ist. Das Falkenauge erhält seine Farbe durch eingelagerte Fasern blaugrüner Hornblende (Krokydolith) mit seidigem Schimmer. Die Farbe des Tigerauges ist Gelb, Braun oder ein schönes Goldbraun, basierend auf eingelagertem Brauneisen. Beide Varietäten, Tigerauge und Falkenauge, sind sehr empfindlich gegen Salzsäure, da Brauneisen und Hornblende aufgelöst werden. Die wichtigsten Vorkommen liegen in Südafrika, ferner in Westaustralien und Kalifornien.

CHALCEDON

Der Chalcedon ist ebenfalls eine kristalline Quarzvarietät. Er besteht aus feinen, meist parallel gelagerten Quarzfasern, ist stets porös und tritt infolge eingelagerter Mineralteilchen in den vielfältigsten Farbtönungen auf. Der wachsglänzende Stein hat meist eine knollige, traubenartige Form, die an Wolkengebilde erinnert. Besonders schön sind die Stücke von bläulich-weißer oder blaugrauer Farbe, wie sie auf dem Peloponnes gefunden werden. Chalcedon wurde im Altertum als Talisman gegen Schwächezustände, Schwermut und Unzufriedenheit getragen. Die Chalcedonbildung aus Kieselgel erfolgt bevorzugt in Verbindung mit Sedimentgesteinen jüngeren geologischen Alters. Das meiste Chalcedonmaterial kommt aus Brasilien, Uruguay und Ostindien.

Chrysopras ▷
Achat ▷ ▷

CHRYSOPRAS

Der Chrysopras ist ein Chalcedon von sehr schöner apfelgrüner Farbe, die auf Einlagerungen von Körnchen wasserhaltiger Nikkelsilikate zurückgeht. Ähnlich wie beim Rosenquarz kann auch die Farbe des Chrysopras im Sonnenlicht oder durch starke Erwärmung ausbleichen. Die Entfärbung beruht auf dem Wasserverlust der Nickelsilikate; durch feuchte Aufbewahrung kann die ursprüngliche Farbe wieder erreicht werden. Der Chrysopras ist relativ selten, analog zu der Seltenheit des Nickels in der Erdkruste. Seine Entstehung geht in mehreren Umwandlungsstufen vor sich, ausgehend von einem Gabbro (kieselsäurearmes Tiefengestein) mit einem geringen Nickelgehalt. – Bis in unsere Zeit war Frankenstein in Schlesien, schon seit dem 14. Jahrhundert bekannt, das einzige Chrysoprasvorkommen von Bedeutung. Weitere Fundstellen wurden jedoch in den USA, in Brasilien, Südafrika, Madagaskar und Australien entdeckt. – Im Altertum sollte der Chrysopras, an der Handwurzel getragen, ein scharfes Auge verschaffen und Magenschmerzen sowie Schwellungen heilen.

KARNEOL

Der Karneol ist ein roter bis rotbrauner Chalcedon, gefärbt durch Eisenoxyd (rot) und Eisenhydroxyd (braun). Durch Erhitzen läßt sich die Farbe des bräunlichen Karneol aufbessern und nach Rot überführen, da Eisenoxyd dabei in Eisenhydroxyd verwandelt wird. Der Karneol bildet in der Natur Überzüge auf Gesteinen oder Ausfüllungen von Spalten und Hohlräumen. Er ist zugleich Bestandteil mancher Achate. Seine Farbe und die organartigen Erstarrungsformen verhalfen ihm in der Medizin zu einem Platz in der Organtherapie und, wohl von der Farbe ausgehend, auch zu einem Helfer bei Kreislauferkrankungen und zur Blutstillung. Es gibt noch viele Zeugnisse zur medikamentösen Anwendung: so sollte die Essenz von diesem Stein, von vier bis zehn Tropfen in destilliertem Wasser eingenommen, das Gedächtnis stärken, die innerliche Hitze löschen und die Ruhr stillen. – Die wichtigsten Karneolvorkommen liegen in Brasilien, Indien, Nordafrika, Sibirien, Japan und Australien, wobei die schönsten Stücke aus Indien kommen. In der Nähe von Idar-Oberstein wurden Karneole im Zusammenhang mit den dortigen Achaten gefunden.

ACHAT

Der Achat ist mineralogisch und chemisch gesehen ein Chalcedon. Den Namen verdankt der schöne und beliebte Stein dem Fluß Achates in Sizilien, wo er zur Zeit des Theophrastus gefunden wurde. Die bekannte Zeichnung dieser Quarzvarietät, welche durch mehrere Lagen verschieden gefärbten Minerals charakterisiert ist, erinnert an die Jahresringe von Bäumen, an das Auge oder an Wolkenformationen. Daher spricht man von Augenachat, Kreisachat, Festungsachat, Wolkenachat oder Sternachat. Besonders geschätzte Exemplare sind solche, die eine Landschaftszeichnung zeigen und Landschaftsachate genannt werden. – In der Natur werden die Achate in sogenannten Mandeln gefunden; das sind rundliche Knollen, deren Größe von einigen Millimetern bis zu mehreren Zentnern Gewicht geht. Die verschieden gefärbten Lagen sind konzentrisch um den Mittelpunkt und parallel zur Außenwand gelagert. Vom Chalcedon unterscheidet sich der Achat durch geringere Durchsichtigkeit, kräftigere Färbung und die ausgesprochene Lagenstruktur. Die Achatmandeln sind entweder ganz mit Achatmasse gefüllt oder sie enthalten einen Hohlraum, der oft mit Bergkristallmassen gefüllt ist. Für die Entstehung der Achate gab und gibt es die verschiedensten Erklärungsversuche. Früher sah man die Mandelräume als ehemalige Gasblasen kieselsäurearmen Schmelzflusses an, in die später nachvulkanische, kieselsäurehaltige, wäßrige Lösungen eingedrungen sind und dort ihre Kieselsäure lagenweise ausschieden. Eine neuere Theorie vertritt die Auffassung, daß es sich um ursprünglich flüssige Tropfen von Kieselsäure handelte, die in der Lava wie Öltropfen auf dem Wasser schwammen, ohne sich mit dem Schmelzfluß zu vermischen. Bei der langsamen Abkühlung der gesamten Lava wurden die Tropfen mit abgekühlt und die Kieselsäure, von der Außenwand der Mandel beginnend, lagenweise ausgeschieden.

In der Natur sind die meisten Achate nicht so farbenprächtig wie sie dann in verarbeitetem Zustand zu sehen sind; sie werden künstlich gefärbt. Die Färbbarkeit beruht auf einer gewissen Porösität des Materials und einem geringen Wassergehalt, was das Eindringen von Farblösungen ermöglicht. *Onyx* ist ein Achat, bei dem weiße oder helle Lagen mit schwarzen, dunkelbraunen oder grauen wechseln. Er wurde im Abendland hoch geschätzt. Er galt als Glücksstein und diente zur Abwehr des ›Bösen Blicks‹. Im ›Ring des Polykrates‹, der nach Plinius ein Onyx gewesen sein soll, wird dies deutlich. Als Amulett getragen, sollte Onyx bei allen Augenleiden helfen. Die Verwendung der Achate war von alters her schon vielseitig. Man benutzte sie vor allem als Siegelsteine und stellte Gemmen und Gefäße daraus her. Nicht wegzudenken ist der Stein aus dem kunstgewerblichen Handwerk. Kunstvolle, hauchdünne Schalen und Gefäße aus Achat sind so beliebt wie Aschenbecher, Schatullen, Tierfiguren usw. – Die wichtigsten Achatproduktionsländer sind heute Brasilien und Uruguay, ferner Vorderindien und Mexiko. Früher waren die wichtigsten Achatlagerstätten die von Idar-Oberstein. Obwohl das Vorkommen seit etwa 150 Jahren erschöpft ist, werden noch immer hübsche Sammlerstücke dort gefunden.

OPAL

Der Opal gehört in gewisser Weise noch zu der Quarzgruppe, da er sich in seinem Chemismus nur durch einen mehr oder minder hohen Wassergehalt (0 bis 34 %) unterscheidet. Er hat die Formel SiO_2 und H_2O. Das Hauptkriterium des Opals ist jedoch die Tatsache, daß er keine Kristalle, auch keine mikroskopisch kleinen Kristalle, bildet, sondern nichtkristalline, also amorphe Massen. Er ist eine besondere Erscheinungsform der Materie, die man als ›Kolloid‹ oder ›Gel‹ bezeichnet; das ist ein Gemisch zweier oder mehrerer Stoffe in feinster Verteilung: in diesem Fall Kieselsäure mit Wasser. – In der Edelsteinindustrie ist der Edelopal mit seinen schönen Farben ein hochgeschätzter und teilweise sehr teuer gehandelter Stein. – Opale haben einen körnigen Aufbau, wobei jedes der Körner eine feine, nur optisch nachweisbare Lamellenstruktur besitzt. Der Schönheitseffekt der Opale beruht auf der Erscheinung des Opalisierens: so nennt man das bunte Farbenspiel von Blau, Grün, Gelb und Rot. Diese Farbwirkung wird auf Interferenzerscheinungen an den Lamellenschichten zurückgeführt. Im durchfallenden Licht erscheint der Opal rötlichgelb. Diese Erschei-

Opal ▷
Perle ▷ ▷

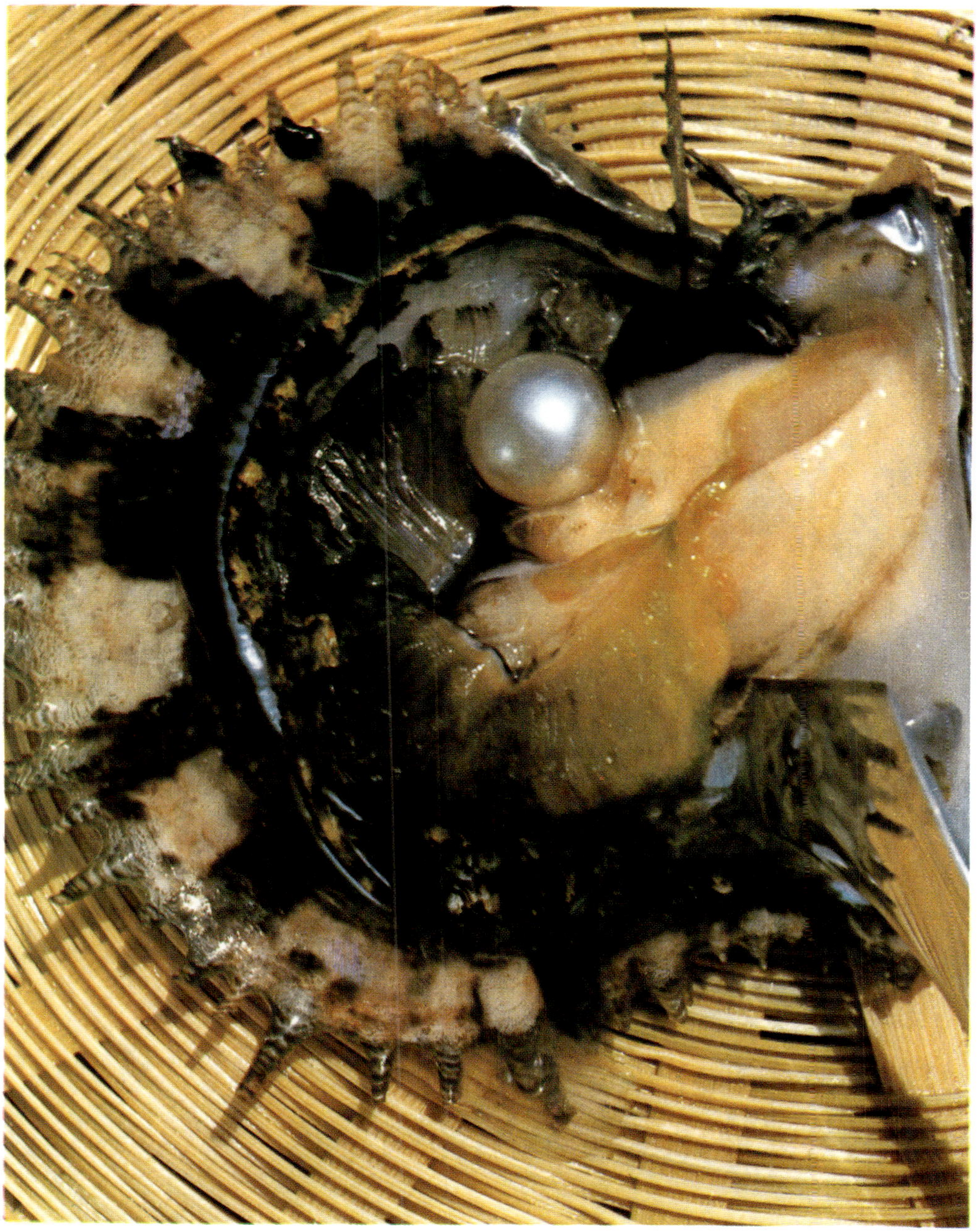

nung nennt man Opaleszenz. – Die Entstehung der Opalmasse geht häufig auf eine hydrothermale Verwitterung von Sandsteinen und Neuabscheidung der Kieselsäure zurück. – Opale sind mit Härte 6 weicher als Quarz und werden somit beim Tragen sehr leicht verkratzt; schon allein durch den Quarzgehalt in der Luft. Auch sind Opale sehr empfindlich gegen Laugen (Seife!), Säuren und Hitze. Ihr Wassergehalt kann sich dadurch verringern, was zu einem Spröde- und Rissigwerden führt.

Der begehrteste Opal ist der sogenannte ›schwarze‹ Opal, der allerdings selten rein schwarz, sondern meist dunkelgrün oder blau aussieht. – Selten ist auch der Feueropal mit einer einheitlichen hellbräunlichgelben bis tiefbraunroten Färbung. Er wird vor allem in Mexiko gefunden. Eine Austrocknung macht sich hier besonders krass bemerkbar: der Stein wird milchig-trüb zu einer porzellanartigen Masse. – Der irisierende Opal wurde stets mit der Sehkraft in Verbindung gebracht. Er sollte nicht nur die Sehkraft stärken, sondern auch die Gabe des Hellsehens verleihen. Von seiner Entstehung berichtet ein indisches Märchen: Als die Götter Brahma, Wischnu und Schiwa in Eifersucht um eine herrliche Frau entbrannt waren, erzürnte der Ewige und verwandelte sie in ein Nebelgebilde. Um die Geliebte aber auch im Nebel erkennen zu können, lieh jeder der Götter ihr seine Farbe. Brahma gab ihr ein herrliches Blau, Wischnu den Glanz des Goldes und Schiwa sein flammendes Rot. Aber der Schemen wurde eine Beute des Windes, bis der Ewige sich erbarmte und ihn in einen Stein verwandelte, in den Edelopal, der in allen Farben spielt. – Oft wird der Opal vom Volk als Unglücksstein bezeichnet. Es gibt eine ganze Reihe von Berichten und Geschichten, wo Menschen ihres Opalschmuckes wegen ins Unglück gestürzt wurden. – Das klassische Land der Edelopale war Ungarn. Heute ist Australien der wichtigste Opallieferant.

BERNSTEIN

Bernstein ist ein brennbares, erhärtetes, fossiles Harz der Fichte Pinus succinifera mit der chemischen Formel $C_{10}H_{16}O$ und einem Gehalt an Schwefelwasserstoff. Er ist nicht kristallin. Die Form der Stücke ergibt sich auf natürliche Weise als Harzausfluß aus den Bäumen. Sie sind klar durchsichtig bis undurchsichtig und haben einen schönen Harzglanz. Die häufigsten Farben sind alle Schattierungen von Gelb, ferner Rot, Orange und Weiß. Berühmt sind Einschlüsse von Insekten, Pflanzenteilen, Holzstückchen usw. Bernstein ist schon seit dem Altertum bekannt. Er wird bereits von Homer und Plato beschrieben und war als Schmuckstein und Medikament sehr beliebt. Nach seinen durch Reiben entstehenden Eigenschaften nannten die Griechen ihn ›Elektron‹. Als Medikament sollte er Blutungen stillen, Herzklopfen beruhigen und den kleinen Kindern das Zahnen erleichtern. Die wichtigsten Bernsteinvorkommen sind auch heute noch die von Palmnicken bei Königsberg; kleinere Vorkommen liegen in Litauen, Rumänien, Sizilien, Oberburma und San Domingo.

KORALLE

Ihre Verwendung für Schmuckzwecke und als Amulett ist uralt. Unter den zahlreichen Gattungen ist die Edelkoralle, Corallium rubrum, mit ihrer schönen roten Farbe am beliebtesten, doch gibt es auch rosa, weiße und schwarze Korallen. Die Koralle ist der Wohnsitz einer Kolonie von winzigen Einzeltierchen, die einen gemeinsamen Organismus bilden und aus Kalk und organischer Substanz (bis 4 %) den baum- oder strauchartigen Korallenstock aufbauen. Der Baustoff Kalk ist sehr weich und empfindlich gegen Säuren. Die Edelkorallen finden sich in Meerestiefen bis zu 300 m und bei einer Wassertemperatur zwischen 13 und 16 Grad Celsius. Korallenfischereien liegen im Mittelmeer, an der irischen Küste, im Golf von Biskaya, bei Madeira, an den Kanarischen Inseln, im Malaiischen Archipel und an den Südwestküsten Japans. Die Gewinnung erfolgt mit einem Netz, das über den Meeresboden geschleppt wird und Korallenbäumchen losreißt und festhält.

Bei den schwarzen Korallen handelt es sich um eigene Tiergattungen, die ein Hornskelett aufbauen.

PERLE

Die Perle mit ihrem geheimnisvollen milden Schimmer nimmt im Reich der Edelsteine einen besonderen Platz ein. Durch ihre Schönheit und das Rätsel ihrer Entstehung ist sie ein kostbares Geschenk der Natur. Die perlenbildenden Muscheln sind Meeresmuscheln von der Art der Austern (Margaritifera vulgaris), die in küstennahen Zonen des Indischen Ozeans, des Persischen Golfes, an den Küsten Australiens, Ceylons, Japans, Borneos und Zentralamerikas leben. Eine Perle besteht aus Kalk in der Form des Aragonits, organischer Substanz (Conchyn) und etwas Wasser. Winzige Kalktäfelchen sind konzentrisch um einen Mittelpunkt angeordnet und mit Conchyn verkittet. In der Muschel wächst die Perle zwischen zwei Hautlappen, die der Innenseite der Schale anliegen, dem sog. Mantel. Die Kenntnis der Perlenbildung hat man sich schon sehr früh zur Perlenzüchtung zunutze gemacht. Dazu wird einer Muschel ein gedrechselter Perlmuttkern, der in einen Gewebesack eingenäht ist, eingesetzt. Die Muschel scheidet an diesem Fremdkörper Perlsubstanz ab und die Zuchtperle wächst. Lange Zeit glaubte man, daß für die Perlenentstehung unbedingt ein Kern, ein Sandkorn zum Beispiel, notwendig sei. Dem widersprechen jedoch die kernlosen Perlen. Durch systematische Forschung konnte bewiesen werden, daß schon eine Verlagerung von Epithelzellen genügt, um eine Perle entstehen zu lassen. Diese Verlagerung kann durch eine Verletzung entstehen, die sich die Muschel in dem bewegten Wasser, in dem sie lebt, leicht zuziehen kann. Ihre Färbung erhalten die Perlen über das Conchyn. Sie können zartrosa, zartgelb, goldgelb, rotbraun und dunkelgrau bis schwarz sein. Eine Unterscheidung von Zuchtperlen und echten Perlen guter Qualität ist schwierig und oft nur mit optischen Hilfsmitteln oder Röntgenuntersuchung eindeutig. An Zuchtperlen minderer Qualität findet man jedoch häufig kleine, warzenförmige Aufwölbungen, die bei echten Perlen nie vorkommen. Sie gehen auf die Nahtstelle des Perlsackes zurück, der eine Narbe darstellt. Der Bau der Süßwasserperlen ist im allgemeinen gleich dem der Meerwasserperlen. Um eine Hautdicke von 0,9 bis 1,2 mm aufzubauen, braucht eine Muschel drei bis vier Jahre. Perlen sind ihrer Zusammensetzung wegen sehr empfindlich. Das Conchyn als organische Hornsubstanz ist leicht zerstörbar, die Perlen werden ›krank‹ und ›sterben‹.

Große Perlen in feiner Qualität werden immer seltener durch die fortschreitende Meeresverschmutzung. Sie sind daher in den letzten Jahren erheblich im Preis gestiegen.

LITERATUR

BANK, H. Aus der Welt der Edelsteine. 2. Aufl. Frankfurt (Main) 1973

CHUDOBA, K. F., und GÜBELIN, E. J. Schmuck und Edelsteinkundliches Handbuch. 2. Aufl. Bonn 1966

DESAUTELS, P. E. Edelsteine, Perlen, Jade. Stuttgart 1973

DESAUTELS, P. E. Minerale, Kristalle, Steine. Stuttgart 1974

GÜBELIN, E. J. Innenwelt der Edelsteine. Düsseldorf 1975

LENZEN, G. Kurzgefaßte Diamantenkunde. 2. Aufl. Kirschweiler 1972

METZ, R., und FANCK, A. E. Anlitz edler Steine. 5. Aufl., Stuttgart 1972

MONNICKENDAM, A. The Magic of Diamonds. London 1955

PAGEL-THEISSEN, V. Diamantenfibel. Handbuch der Diamantengraduierung. 3. Aufl. 1972

PARKER, R. L., und BAMBAUER, H. U. Mineralienkunde. Thun 1974

SCHLOSSMACHER, K. Edelsteine und Perlen. 5. Aufl. Stuttgart 1969

WILSON, M. Strahlende Steine München 1967

BILDNACHWEIS

De Beers Ltd., London: 15, 16, 20

CIBJO: 35

Eickhorst: 33, 37

Hahn, Max, Edelsteinkunde, leicht gemacht: 12 (Karte)

Metz/Fanck, Anlitz edler Steine: 84, 85, 88, 89, 92, 93, 96, 97, 100, 101, 104, 105, 108

Pagel-Theisen, Verena, Diamant-Fibel: 22, 38, 40, 41, 46, 47, 54, 58, 59, 62

SWA, Gesellschaft für Sachwertanlage, Stuttgart: 80

The world of diamonds: 6, 9–11, 18, 19, 21, 24, 25, 27–29, 34, 48, 49, 70

Alle übrigen Abbildungen: Diamond Corporation Lange-Mechlen, Stuttgart

REGISTER